会展经济与管理丛书

# 展览会功能
# 和
# 发展模式创新

王起静◎著

FUNCTION AND DEVELOPMENT PATTERN
INNOVATION OF EXHIBITION

北京第二外国语学院2022年度学术专著出版经费资助

经济管理出版社
ECONOMY & MANAGEMENT PUBLISHING HOUSE

**图书在版编目（CIP）数据**

展览会功能和发展模式创新 / 王起静著 .—北京：经济管理出版社，2023.3

ISBN 978-7-5096-8979-0

Ⅰ.①展…　Ⅱ.①王…　Ⅲ.①展览会—产业发展—研究—中国　Ⅳ.①G245

中国国家版本馆 CIP 数据核字（2023）第 054092 号

组稿编辑：王光艳

责任编辑：王光艳

责任印制：许　艳

责任校对：徐业霞

出版发行：经济管理出版社

　　　　　（北京市海淀区北蜂窝 8 号中雅大厦 A 座 11 层　100038）

网　　　址：www.E-mp.com.cn

电　　　话：（010）51915602

印　　　刷：北京市海淀区唐家岭福利印刷厂

经　　　销：新华书店

开　　　本：710mm×1000mm /16

印　　　张：10.25

字　　　数：129 千字

版　　　次：2023 年 4 月第 1 版　　2023 年 4 月第 1 次印刷

书　　　号：ISBN　978-7-5096-8979-0

定　　　价：68.00 元

# 前　言

近年来，中国展览产业发展迅速，展览面积和展馆面积快速增长，在促进商品交易、经济发展、国际交流和合作等方面发挥了积极而重要的作用。理论上普遍认为，展览会是促进贸易的有效手段，但在新经济时代，实体展览会的停滞却没有在总体层面上给国际贸易带来重大影响。因此，实践对展览会的核心功能提出了质疑，迫切需要理论上对展览会核心功能做出合理解释，重塑展览会的核心价值。

本书以马克斯·韦伯的工具理性和价值理性理论为基础研究展览会功能，创新展览会发展模式，以促进我国展览产业高质量发展。具体研究内容和结论主要包括以下三个方面：第一，基于理性理论的展览会功能研究。本书基于马克斯·韦伯的工具理性和价值理性理论探讨展览会的核心功能，构建展览会效率功能和价值功能相统一的分析框架，认为展览会既具有在工具理性下追求效率的功能，也具有在价值理性下追求价值的功能。展览会兼具效率功能和价值功能，并将因其价值功能而伴随人类生产和生活一直存在。第二，展览会线上、线下融合发展模式创新研究。基于展览会具备效率功能和价值功能，以及线上展览会更有利于实现效率功能、线下展览会更有利于实现价值功能的判断，未来展览会应该采取线上、线下融合发展的模式，才能最大限度地实现展览会的效率功能和价值功能。第三，为展览产业高质量发展提出建议。组展企业应该加强对产业未来发展方向的研究，注重产品策划和功能设计，重视展示方式和展示技术，制定科学的适应展览会线上、线下融合发展模式的发展战略，从功能融合、产品融合、技术融合、市场融合、财务融合、管理服务融合等多方面创新展览会发展模式；服务供应商应该清楚认识展览会线上、线下融合发展模式带来的新的机遇和挑战，及时调整企业发展战略并提高服务水平；会展城市应该深入研究会展产业发展所依托的外部条件，为会展产业发展提供正向的外部环境，当地政府应该出台有利于会展产业更高质量发展阶段的政策措施，引导产业健康发展。

本书具有重要的理论意义和实践意义。本书的理论意义包括：第一，本书以马克斯·韦伯的工具理性和价值理性理论为基础研究展览会的功能，拓展了会展功能研究的理论基础。第二，本书根据所构建的效率功能和价值功能相统一的功能分析框架，为展览会具体功能设计提供理论基础。本书的实践意义包括：第一，有利于指导展览会产品功能设计，在展览会的形式、内容等各个方面强化展览会的效率功能和价值功能，为消费者提供更有价值的产品。第二，有利于会展企业提升竞争力以迎接新的机遇和挑战，不同类型的会展企业（组展商、会展场馆、其他会展服务供应商等）应该审时度势，及时调整企业发展战略，以提升自身竞争力。第三，有利于推动展览产业高质量发展，展览会未来应该是线上、线下融合的发展模式，这是展览产业更高水平、更高质量的发展阶段。

当然，本书提出的展览会功能分析框架还是一个非常初级的研究，选择中国进出口商品交易会（即"广交会"）、中国国际服务贸易交易会（即"服贸会"）、中国国际进口博览会（即"进博会"）三个展览会进行的案例研究也相对简单，还需要从理论上不断完善，需要构建更科学的模型以及采用更多的企业和产业层面的数据来验证。研究人员应该长期关注展览会功能研究，比如应该开发科学的量表测量展览会的效率功能和价值功能，待理论模型和产业数据完备之后可以采取定性和定量相结合的研究方法研究线上展览会和线下展览会的具体功能以及两者实现不同功能的效果比较。此外，研究人员应进一步深入研究线上展览会和线下展览会在功能、产品、技术、市场、财务、管理服务等方面如何更好地融合，这对于未来展览产业的健康发展具有重要意义。线上、线下融合的发展模式不是展览会在新冠疫情之下的无奈之举，而是大数据、新经济时代下展览会发展的必然选择。本书提出的功能分析框架和展览会线上、线下融合发展模式将会受到更多实践的检验。

本书得到"北京第二外国语学院 2022 年度学术专著出版经费"资助，经济管理出版社的编辑们在本书的策划和出版过程中付出了大量的辛勤劳动，在此一并表示感谢。

王起静

北京第二外国语学院会展研究中心

2022 年 12 月 18 日

# 目　录

✎学习笔记

✎ 学习笔记 ₀

✎学习笔记

第一章

# 绪　论

# 一、研究背景和研究意义

## （一）研究背景

### 1. 中国展览产业发展迅速

近年来，中国展览产业发展迅速，展览数量和展览面积都呈现快速增长趋势。根据《2019 年度中国展览数据统计报告》[①]，2019 年全国展览总数为 11033 场，展览总面积为 14877.38 万平方米。中国境内纳入统计的展览总数由 2011 年的 7330 场增至 2019 年的 11033 场，展览总面积从 2011 年的 8173 万平方米增至 2019 年的 14877.38 万平方米，年均增长率分别为 5.61% 和 9.11%。另外，很多城市都在投资建设大型会展中心以进一步推动会展产业发展，《2019 年度中国展览数据统计报告》显示，2019 年中国大型会展场馆（展馆面积达 10 万平方米）在用的已有 25 个、在建的达 11 个，还有 5 个大型会展场馆待建。可以预见，在不远的将来我国将有约 40 个大型会展场馆。蓬勃发展的中国经济也使展览产业迎来了蓬勃发展时期，在促进商品交易、经济发展、国际交流和合作等方面发挥了积极而重要的作用。

### 2. 新冠疫情使具有聚集性平台性质的展览会受到严重冲击

2019 年底，一场突如其来的新冠疫情使世界陷入了"停摆"，世界各国人民因此而处于不同程度的社交隔离状态。展览会因其聚集性平台性质受到了严重冲击，世界范围内大部分展览会纷纷停办或转移到线上举办。中国一些大型展览会与技术企业合作把实体展览会搬到线上或转变为线上、线下融合举办的方式，如 2020 年第 127 届中国进出口商品交易会（以下简称"广交会"）选择腾讯作为技术

---

① 由中国会展经济研究会会展统计工作专业委员会编制。

服务商，为其线上举办提供整体技术支持、平台开发服务和云资源支撑；2020 年中国国际服务贸易交易会（以下简称"服贸会"）选择京东为其提供云上服贸会数字平台的技术服务，是线上、线下相融合的展览会。从理论上讲，展览会的这种发展状况应该会对我国的进出口贸易产生重要影响，因为传统理论一直认为展览会是促进贸易的重要方式。但刘大可（2021）在分析中国展览产业现状和进出口贸易的实际数据后指出："在新经济时代，实体展览的停滞并不会在总体层面上给国际贸易带来重大影响，跨境电商和线上展览是两股外贸促进的新生力量。我们必须反思：展览会的核心价值和优势是什么？如果展览会的核心价值已经被其他商业物种替代，该如何重新规划展览业的未来？"那么，展览会最终是会被其他方式（如电商）所取代，还是会伴随着人类社会生产和生活一直存在呢？线上展览会最终会取代实体展览会，还是会和实体展览会并存融合发展呢？第一个问题研究的是展览产业外部竞争替代的问题，是展览会是否会一直存在的问题；第二个问题研究的是展览产业内部竞争替代的问题，是展览会今后应该如何发展的问题。对于以上这两个问题的回答都取决于对展览会核心功能的理解。

此外，受新冠疫情影响，人们迫切希望尽快回归到正常的工作和生活状态，也更加强烈地感受到人与人之间面对面交流的重要性。那么，会展的功能到底有哪些？这些功能之间有什么关系？如何理解人们对于会展活动的选择？人们是比以前更需要会展活动了，还是更不需要会展活动了呢？所有这些问题的回答都取决于对会展活动功能的理解。

**3. 关于会展的核心功能的研究相对较少**

总体来看，已有文献偏重于会展影响研究（经济影响、社会文化影响、旅游影响、形象影响等），而忽视了会展功能研究。功能（Function）和影响（Impact）是两个不同的概念，具有不同的含义，但又有非常密切的联系。从理论上讲，功能研究要比影响研究更重要，因为功能是一个事物存在的根本，而且会展活动的积极影响能否实现取决于会展是否具备相应的功能。

已有研究没有严格区分会展活动的功能和影响，如 Getz 和 Page（2016）把功能和影响统称为结果和影响。会展功能相关的研究包括会展绩效（Gopalakrishna and Lilien, 1995；Seringhaus and Rosson, 2001；Gopalakrishna et al., 2010；Li et al., 2011；Tafesse and Korneliussen, 2012；Gottlieb et al., 2014）、参展目标（Hansen, 1996；Smith et al., 2003；Gopalakrishna et al., 2010；Rittichainuwat and Mair, 2012）等。许多关于参展动机的研究也与会展功能有关，但专门研究会展功能的文献相对较少，更没有适合分析会展功能的统一的理论框架。不过，最近几年越来越多的学者开始关注会展活动在提升参与者幸福感（Valek and Fotiadis, 2019）、生活质量（Jepson et al., 2019）、家庭记忆（Jepson et al., 2019）、身份认同（Davis, 2017）等方面的功能，贾岷江等（2019）还专门研究了展览的创新功能研究，说明越来越多的学者开始关注会展功能的研究。

学者应该加强会展功能研究，深入认识会展活动存在的必要性，并最大限度地实现会展的功能和价值。只有深入认识会展活动的功能，才能回答展览会等会展活动是否会被电子商务平台取代的问题，也才能知道未来展览会应该采用什么样的模式来发展。

## （二）研究意义

在这样背景下，本书以展览会功能和发展模式创新为主要研究对象，在构建理论研究框架的基础上，深入研究展览会的核心功能，并在功能研究的基础上创新未来展览会的发展模式。

### 1. 理论意义

本书的理论意义包括：第一，拓展会展活动功能研究的理论基础。本书以马克斯·韦伯的工具理性和价值理性理论为基础研究展览会的功能，认为展览会（会展活动）兼具效率功能和价值功能，并因其具备价值功能而伴随着人类社会一直存在。第二，深入研究展览会的效率功能和价值功能。本书基于工具理性和价值理性理论构建效率功能和价值功能相统一的展览会功能分析框架，选择典型案例剖析展览会的效率功能和价值功能，为展览会具体功能设计提供理论基础。

**2. 实践意义**

本书的实践意义包括：第一，有利于指导展览会产品功能设计。展览会应该兼具效率和价值功能，应在展览会的形式、内容等各个方面强化展览会的效率功能和价值功能，从而为消费者（参展商、观众等）提供更有价值的产品。第二，有利于会展企业提升竞争力以迎接新的机遇和挑战。随着经济社会的发展，会展企业将迎来新的机遇和挑战，不同类型的会展企业（组展商、会展场馆、其他会展服务供应商等）应该审时度势，及时调整企业发展战略，以提升自身竞争力。第三，有利于推动展览产业高质量发展。线上展览会更有利于展览会发挥效率功能，而实体展览会更有利于展览会发挥价值功能，展览会未来应该是线上、线下相融合发展模式，这是展览产业更高水平、更高质量的发展阶段。

# 二、研究内容和研究方法

## （一）研究内容

本书立足于国内外展览产业的现实情况，以马克斯·韦伯的工具理性和价值理性理论为基础研究展览会功能，创新展览会发展模式，促进我国展览产业高质量发展。具体研究内容主要包括以下几个方面：

学习笔记

**1. 基于理性理论的展览会功能研究**

本书基于马克斯·韦伯的工具理性和价值理性理论探讨展览会的核心功能，构建展览会效率功能和价值功能相统一的分析框架，认为展览会既具有在工具理性下追求效率的功能，也具有在价值理性下追求价值的功能。主要观点包括：对于参展商来说，展览会的效率功能主要表现在销售效率功能（如提高参展企业的销售额、签约额等）和非销售效率功能（如提高企业知名度、发掘潜在客户等）；对于观众来说，展览会具备提升采购效率和非采购效率的功能。展览会的价值功能主要表现在发现"新"的功能，包括新思想、新理念、新技术、新工艺、新思潮、新风尚等。展览会兼具效率功能和价值功能，并将因其价值功能而伴随人类生产和生活一直存在。

**2. 展览会线上、线下融合发展模式创新研究**

基于展览会具备效率功能和价值功能，以及线上展览会更有利于实现效率功能、线下展览会更有利于实现价值功能的判断，未来展览会应该采取线上、线下融合发展的模式，才能最大限度地实现展览会的效率功能和价值功能。线上、线下融合发展模式是展览会的高质量发展阶段，不仅使展览会最大限度地兼具效率功能和价值功能，还可以使展览会这种具有聚集性平台性质的产品能够更好地应对"黑天鹅"事件的挑战，并为消费者提供更多产品的选择，增加消费者效用。线上、线下展览会属于一个展览会的不同形式和内容，因此线上、线下展览会融合表现在多个层面，本书主要从功能融合、产品融合、技术融合、市场融合、财务融合、管理服务融合等方面研究展览会模式创新发展，并选择广交会、服贸会和中国国际进口博览会（以下简称"进博会"）三大展览会作为案例研究其在功能、产品、技术、市场、管理服务等多个层面的线上、线下融合的发展模式。鉴于财务数据的不可获得和三大展览会是政府主导型展会的特点，此处不分析三大展览会的财务融合。

### 3.展览产业发展的对策建议

基于上述研究，本书为展览产业高质量发展提出以下建议：第一，组展企业层面。组展企业应该更加重视产业研究和产品开发，重视展览会的功能设计，重视展示方式和展示技术。展览会未来应该是线上、线下融合发展的，这是展览产业更高水平、更高质量的发展阶段。组展企业应该制定科学的适应展览会线上、线下融合发展的战略，在功能、产品、技术、市场、财务、管理服务等多方面实现融合发展。第二，服务供应商层面。服务供应商应该清楚线上、线下融合发展模式带来的新的机遇和挑战，不同的服务供应商所面对的机遇和挑战不同。服务供应商应该及时调整企业发展战略并提高服务水平。第三，会展城市层面。会展城市应该深入研究会展产业发展所依托的外部条件，为会展产业发展提供正向的外部环境，当地政府应该出台有利于会展产业更高质量发展阶段的政策措施，引导展览产业健康发展。

## （二）研究方法

### 1.文献分析法

采用文献分析法，即通过收集、整理与展览会和会展相关的国内外文献，对国内外最新的研究成果进行研究分析。本书选择的文献集中在经同行评阅的中英文学术期刊上。中文文献主要来自中国知网（www.cnki.net）的中文社会科学引文索引（CSSCI）中的相关期刊；英文文献主要来源于Springer、ProQuest、EBSCO、Emerald、JSTOR、Taylor & Francis、ScienceDirect、Sage、Wiley等数据库的相关期刊。

### 2.案例研究法

本书选择广交会、服贸会和进博会三大展览会作为研究案例。基于前文线上、线下融合展览会能够最大限度地实现展览会效率功能和价值功能的判断，分别分析广交会、服贸会、进博会在功

📝学习笔记

能、产品、技术、市场、管理服务等多个层面的线上、线下融合发展模式。

# 三、研究创新和研究不足

## （一）研究创新

### 1.基于理性视角研究展览会功能

以往文献关于展览会功能的研究相对较少，而且主要是从经济学、管理学等角度来研究展览会。本书基于社会学工具理性和价值理性理论研究展览会的功能，为展览会功能研究提供了全新的理论视角。

### 2.重点突出展览会的价值功能

本书基于理性视角论证了展览会兼具效率功能和价值功能，尤其突出了展览会的价值功能。以往关于展览会的研究主要集中在效率功能方面（包括销售效率和非销售效率），而很少涉及展览会的价值功能。本书关于展览会兼具效率功能和价值功能的判断尤其强调展览会的价值功能，并认为在大数据等新技术快速发展的背景下，展览会尤其要注重价值功能的体现，这一认识对于展览产业高质量发展具有重要意义。

## （二）研究不足

### 1.研究对象有限

本书研究以"展览会"为主题，展览会在具体的形式上一般包含会议、节庆、体育赛事、演出等多种会展活动类型。从理论上讲，展览会和会议、节庆、体育赛事、演出同属于会展项目，但又具有不同的特点，研究展览会不可避免地涉及其他会展活动形式。而且展览会的功能研究具有一般性，其他类型的会展活动也兼具效率功能和价值功能，但不同类型的会展活动的具体效率功能和价值功能表现有所不同。本书主要以展览会为典型研究对象，没有详细研究其他类型会展活动的功能，但这并不代表其他细分会展活动类型不重要，而是应该进一步加强研究。此外，本书主要研究贸易类展览会，而对于其他类型的展览会（如教育展、艺术展等）不做详细研究。

### 2. 数据来源有限

本书主要以案例研究的方法研究广交会、服贸会和进博会的功能和发展模式创新，而不是对全行业数据进行分析，数据来源有限。另外，线上、线下融合发展的展览会还处于初级发展阶段，可选择的研究案例非常少，线上、线下融合发展模式还需要更多的实践研究来推动理论构建。

第二章

# 概念界定和文献综述

# 一、概念界定

## （一）展览会和会展

会展包括会议、展览会、节庆、体育赛事、演出等多种活动类型，展览会是会展活动的重要组成部分。展览会具备会展活动的一般功能，也有其特殊功能。本书研究虽以展览会功能为主题，但也需要在一般层面上研究会展功能。此外，展览会本身也包括各种会议、节庆、体育赛事、演出等其他会展活动类型，严格地把展览会与会展其他活动类型区分开是不科学的。因此，本书主要研究展览会的功能，但在需要时会涉及会展及各类其他细分会展活动类型。

### 1. 展览会

在实际应用中，展览的名称相当繁杂。在英语中，有"Exhibition""Exposition""Trade Show""Trade Fair"等名称。"Fair"是传统形式的展览会，也就是集市与庙会。"Fair"的特点是"泛"，有商人也有消费者，有农产品也有工业品。集市和庙会发展到近代，出现了贸易性质的、专业的展览，被称作"Exhibition"（展览会）。"Exhibition"是被最广泛使用的展览名称，通常作为各种形式的展览会的总称。"Exposition"起源于法国，是法文的展览会。在近代史上，法国政府第一个举办了以展示、宣传国家工业实力的展览会。由于这种展览会不做贸易，主要是为了宣传，"Exposition"便有了"宣传性质的展览会"的含义。由于其他国家也纷纷举办宣传性质的展览会，加之法语对世界一些地区的影

响，以及国际展览联盟（Union des Foires Internationales, UFI）[1]

和国际展览局（英语：International Exhibitions Bureau；法语：Bureau International des Expositions, BIE）这两大世界展览会组织的总部均在法国，因此，除了在法语国家，在北美等英语地区"Exposition"也被广泛使用。"Show"在英文中的原意是展示，但在美国、加拿大等国家，"Show"已替代"Exhibition"。在这些国家，贸易展览会大多称作"Trade Show"。在中文中，展览的名称有展览会、展览、展销会、博览会、展览交流会、交易会、贸易洽谈会、展示会、展评会、样品陈列、庙会、集市、圩、场等。

目前，"展览会"并没有被广泛认可的定义。《简明不列颠百科全书》对展览会的定义是：为鼓舞公众兴趣、促进生产、发展贸易，或者为了说明一种或多种生产活动的进展和成就，将艺术品、科学成果或工业制品进行有组织的展览。为了便于会展产业专业人士的交流和沟通，美国活动产业委员会（Event Industry Council, EIC）作为会展行业中重要的协会组织，启动了一个计划，即公认实践交换平台（The Accepted Practices Exchange, APEX），它将整个会展行业聚集在一起，对很多会展行业内经常使用的专业术语进行了界定，其中与展览会相关的术语见表2-1。

本书以展览会功能为核心研究内容，涉及多种类型的展览会，主要包括贸易展（Trade Show）、消费展（Consumer Show）、展览会/博览会（Exhibition/Exposition）等。已有文献显示，展览会主要有以下三种分类：第一，根据展览会展品涉及的行业，展览会可以分为纵向（Vertical）展览会和横向（Horizontal）展览会。纵向展览会的展品涉及的产业较窄，横向展览会展品涉及的产业较宽

---

[1] 在2003年10月20日开罗第70届会员大会上，该组织决定更名为全球展览业协会（The Global Association of the Exhibition Industry，仍简称UFI）。

学习笔记

**表 2-1  APEX 中与展览会相关的专业术语**

| 专业术语 | 英文解释 | 中文解释 |
|---|---|---|
| Show | ①Organized performance for entertainment. ② An exhibition | ①有组织的娱乐表演。②展览会 |
| Fair | ① Event principally devoted to the exhibition of agricultural products or industrial products. Fairs may also provide entertainment activities. ② Exhibition of products or services in a specific area of activity held with the objective of promoting business | ①主要用于展示农业产品或工业产品的活动，也提供娱乐活动。②以营销为目的，在特定地点举办的产品或服务的展览 |
| 展览会/博览会（Exhibition/Exposition） | ①An event at which products & services are displayed. The primary activity of attendees is visiting exhibits on the show floor. These events focus primarily on business-to-business（B2B）relationships. ②Display of products or promotional material for the purposes of public relations, sales &/or marketing | ①展出产品和服务的活动，与会者的主要活动是在现场参观展厅的展品。这些活动主要着重于商业往来（B2B）关系。②为公共关系、销售和/或营销目的的展示产品或宣传材料 |
| 展览会（Trade Show） | An exhibition of products &/or services held for members of a common or related industry. Not open to the general public | 为一般或相关产业的企业举办的产品和/或服务的展览，不向公众开放 |
| 消费展（Consumer Show/Public Show/Gate Show） | Exhibition open to the public, usually requiring an entrance fee | 向公众开放的展览，通常需要入场费 |

（Wu et al., 2008）。随着展览经济持续增长，专业会展持续升级，高度专业的展览会越来越多（Berne and García-Uceda，2008）。尽管在某些情况下（如新兴市场），横向展览会仍然很普遍，但主要的市场趋势是更大的差异化（Rice and Almossawi，2002）。第二，从观众的角度来看，展览会可分为专业展（Industrial Shows）、消费展（Consumer Shows）和综合展（Mixed Shows）。专业展主要面对专业观众，消费展主要面对个体消费者和公众（Tafesse，2014），而综合展既面向专业观众，也面向普通消费者（Palumbo and Herbig，2002）。从这个分类层面上来看，美国活动产业委员会关于展览会（Trade Show）的定义和此处的专业展（Industrial Shows）含义相同。还有一些学者研究面向消费者的展览会，会使用消费展览会（Consumer Exhibition）的概念以与贸易展（Trade Show）相区别，如 Rittichainuwat 和 Mair（2012）指出消费展览会（Consumer Exhibition）观众的参展动机与贸易展览会（Trade Show）观众的参展动机会有所不同。第三，根据参与者的地理范围（或者从更广义的层面上说是市场覆盖面），展览会可以分为国际的、国家的和地区性的展览会（Seringhaus and Rosson，1994）。国际展览会是具有重要影响的展览会，展览会权威组织全球展览业协会和国际展览局都给出了国际展览会的认定标准。全球展览业协会规定具备以下条件之一的就可称作"国际展览会"：20% 以上的参展商来自国外；20% 以上的观众来自国外；20% 以上的广告宣传费使用在国外。国际展览局在其公约中规定，有两个以上国家参加的展览会都可以称作"国际展览会"，没有具体规定国外参展商和观众的比例。

本书研究的展览会以企业为主要参展主体，而且本书主要研究促进交流、交易的贸易展览会，不研究单纯以宣传、教育为目的的展览会，如经济建设成就展、安全教育展等，也不研究博物馆里的展览会。本书所研究的贸易展览会的观众既有专业观众，也有普通观众。

展览会是制造商、分销商、其他供应商向现有或潜在的消费者、供应商、其他商业伙伴和媒体展示产品或服务的场所（Bonoma，1983），一直被视作重要的贸易促进平台。展览会是指来自一个特定产业或技术领域的不同供应商（参展商），以向购买者和其他相关目标群体（包括采购决策影响者，如专家，以及所展示产品和服务的终端使用者）展示、促销和 / 或营销其产品或服务为主要目的的活动（Bathelt et al.，2014）。展览会是一个临时性市场，也是定期举行的持续特定时间的市场活动，大量企业在此期间展示一个或多个产业的主要产品（Kirchgeorg et al., 2010a）。展览会构成了一个高度集中的市场体系，在一个特定的时间段内，各种各样的卖家、买家、供应商、分销商和中间商聚集在一个地方，为丰富的面对面互动提供了肥沃的土壤（Rice, 1992; Rosson and Seringhaus, 1995）。经济学家认为展览会通过在同一时间、同一地点把大量的供应商聚集在一起，可以减少产业采购程序的时间和成本（Florio, 1994）。

展览会可以吸引市场上的核心主体（如制造商、供应商、采购商、消费者、分销商和服务供应商等）和边缘主体（如行业协会、行业专家、行业监管者等）（Rice, 1992; Rosson and Seringhaus, 1995）。企业作为参展商参展时需要搭建展台来展示产品和解决方案，并且与现有顾客和潜在顾客面对面交流（Gopalakrishna and Lilien, 1995）；企业作为专业观众观展时则可以在展览上评估潜在供应商、收集市场信息并建立联系网络（Godar and O'Connor, 2001）。营销人员经常利用展览会来发布产品、评估潜在购买者、收集信息、与消费者或其他利益相关者互动（Bettis-Outland et al., 2012）。

组展者、参展商和观众是展览会的主要参与主体，展览会对于不同主体来说功能是不同的：对于组展者来说，展览会就是按照社会需求，组织参展商在一定时间、空间条件下展示其产品（服务）来传递和交流信息，使观展者做出购销决定、进行投资决策；对参展商而言，展览会主要是通过物品的展示，吸引观众，与观众进行交流、交易；观众主要是通过展览所获得的各种信息，实现学习、交流、采购等目的。展览会旨在促进销售、建立关系和促进知识交流（Blythe, 2002; Li, 2006）。王起静（2007）指出，展览会的本质是一种具有平台性质的产品，是一个典型的双边市场，具备双边市场的一般性质和运作规律。可以说，展览会是依据社会经济需要而动态变化的工具。

### 2. 会展

已有文献对会展的认识主要有两类观点：一类观点是把会展作为人造事件来看，包括多种活动类型，但不同研究认为会展所包括的活动类型范围宽窄有所不同。国外研究关于会展产品范围的界定有三种典型观点：第一，会展包括会议（大会）和展览（Convention and Exhibition，CE 或 Meeting and Exhibition，ME）；第二，会展包括会议、奖励旅游、大会、展览和活动（Meeting，Incentive travel，Convention，Exhibition and Event，MICE）；第三，把会展界定为事件（Event）。Getz（1997）认为，事件是短时发生的、一系列活动项目的总和，同时事件也是其发生时间内环境/设施、管理和人员的独特组合。事件不仅包括会议和展览等商务事件，也包括文化庆祝、艺术娱乐、教育科技、体育竞技等事件，还包括政治和国家事件以及私人活动（Getz，2005）。国内学者对会展的认识也存在范围宽窄的区分：有的学者认为会展主要包括会议和展览（吴开军，2011），有的学者认为会展是会议、展览、展销、体育等集体性活动的简称（刘松萍、马洁，2005），马勇和肖轶楠（2004）认为会展有狭义和广义两种界定。

另一类观点认为会展就是旅游，把会展业看作旅游业的一部分，甚至把会展业等同于会展旅游业，如李旭和马耀峰（2008）在对国外的会展业研究进行综述时则直接将其称为会展旅游业研究综述。Getz（2008）关于事件研究的综述也是直接以会展旅游为题的。持此观点的学者认为会展产品只不过是以会展活动为旅游吸引物的一种旅游产品。随着会展研究的深入，学者们已逐渐清楚认识到会展产品的提供要比旅游产品复杂得多，简单地把会展作为会展旅游来看待不利于对会展本质的认识，也不利于会展产业的发展。许峰（2002）认为直接从旅游细分的角度去研究会展是难以把握会展业的基本内涵和客观规律的。王敬武（2008）深入研究了会展旅游的本质，并明确提出旅游是旅游，会展是会展，原本两者之间没有必然的联系，若把旅游与会展结合起来成为会展旅游并在旅游的范围内进行研究，研究的主旋律就是旅游。

王起静（2013）认为会展就是人造事件，研究会展问题应该采用广义的概念，即会展包括各种会议、展览、节庆、体育赛事、演出及其他多种形式的活动。由此可见，会展活动是不同类型产品的集合，每类产品都有各自不同的功能和属性。而会展之所以被称作一个产业，则是因为不同类型的会展活动都有共同的本质，即都是为参与主体提供交流、交易的平台。王起静（2013）关于会展的论述需要从以下四个方面理解：第一，该论述指出会展是"人造事件"，是人们为了各种目的而人为策划的各种活动，比如可能是为了提高企业绩效而策划的活动，也可能是为了纪念某人或某事而策划的活动，还可能是为了提高幸福感而策划的活动。在策划各种活动时应该深入研究各种不同类型的会展活动具备什么样的功能，是否能够满足人们的各种需求。第二，该论述采用广义的会展概念，认为会展包括会议、展览、节庆、体育赛事、演出及其他多种形式的活动。相比于狭义的只包括会议和展览的概念，或者会展旅游的概念来说，广义的会展概念包括多种会展活动类型，而且这些类型都有一些本质的、共同的因素，凡是具备这些本质的、共同的因素的活动都应该是会展的组成部分。第三，不同类型的会展活动有不同的特点、功能和属性。比如，会议的主要功能是交流、沟通、传达信息等，展览的功能对于参展商来说主要是展览、展示产品，体育赛事的功能对于运动员来说主要是比赛等，要深入研究不同类型会展活动的功能。第四，虽然不同类型的会展活动具备不同的特点、功能和属性，但不同类型的会展活动都具有平台的本质，即为参与者提供交流、交易的平台。正因为此，才可以用"会展"这个词来总括会议、展览、节庆、赛事、演出等所有具备交流、交易平台本质的不同类型的会展活动。需要说明的是，王起静（2013）关于会展的论述侧重于从产品和产业等经济层面来研究会展，但会展的本质、功能等不仅仅体现在经济层面。因此，本书是从更广泛的角度和层面来讨论会展，尤其是展览会的功能问题。

### 3. 功能

《辞海》对"功能"一词的解释是，"一为事功和能力，二为功能和作用"。换句话说，功能是对象能够满足某种需求的一种属性，凡是满足使用者需求的任何一种属性都属于功能的范畴。功能（Function）和影响（Impact）是两个不同的概念，具有不同的含义，但又有非常密切的联系，已有关于会展的文献非常重视影响研究，但专门研究功能的文献相对较少。从理论上讲，功能研究要比影响更重要，因为功能是一个事物存在的根本，而且会展活动的积极影响能否实现取决于会展是否具备相应的功能。会展之所以重要，不仅仅是因为举办会展活动可以给举办地带来重要的经济、社会、文化、形象等方面的影响，最重要的是，因为会展是提供交流、交易的平台，具备多种多样的功能，已经成为现代社会人们工作和学习的重要方式。会展活动的积极影响（如经济影响）能否实现取决于会展能否实现其功能，即会展活动能否吸引众多参与者。无论从会展活动自身的发展，还是从会展活动衍生出来的影响来看，都应该深入研究会展的功能。

研究会展功能应该明确其与会展影响之间的区别：第一，会展功能是针对会展参与者（使用者）来说的，会展影响则主要针对会展举办地而言。比如，展览参与者主要是指参展商、观众等，而会展影响主要是指会展活动对于举办地的经济影响、社会文化影响、形象影响、环境影响等。总体来说，参与者更关心会展活动是否具备某种功能，而举办地（政府）更关注会展是否具备某种影响。第二，功能是指事物或方法所发挥的有利作用，而影响则包括正面影响和负面影响。会展是人为设计的为实现一定目的的活动，因此会展所有的功能都应该是"好"的功能。影响则既

学习笔记

有可能是正面影响，也有可能是负面影响，比如会展可能有增强社会凝聚力、促进社会发展等正面影响，也可能有造成交通拥堵、导致犯罪增加等负面影响。第三，功能是会展本身应该具备的，而影响则是因举办会展活动衍生出来的。也就是说，会展活动本身一定会具备某种功能，但不一定有影响或影响很小。从实践来看，大部分公开举办的会展活动都具备一定的功能和影响，而组织内部的工作会议、家庭生日宴会等一定具备某种功能，但对举办地的经济、社会文化、环境、形象等方面没有影响或影响很小。

## （二）会展的本质

### 1. 会展是人类社会重要的工作方式和生活方式

（1）会展是人类社会重要的工作方式。

对于大部分正式组织来说，会展都是一种重要的工作方式，主要表现在：第一，大部分正式组织都可能会参加其他组织主办或承办的各种会展活动。比如企业经常会参加行业内的会议、展览或其他会展活动。以展览会为例，其参展组织可能包括企业、行业协会、地方政府，还有可能包括国家或国际组织。第二，大部分正式组织都可能会根据工作需要举办两类会展活动：一类是对外的、面向特定群体或公众举办的会展活动，如企业会举办一些营销活动，政府会举办会议、展览会和其他活动，行业协会会举办一些行业内会议和展览；另一类是组织内部的会展活动，如各种工作会议（项目推进会、工作例会、培训会等），还有组织为奖励优秀员工而策划的奖励旅游活动。

对于个人来说，工作性质、工作级别、工作岗位等不同的人员在工作中参加的会展活动的次数、时长、类型等会有所不同。第一，从工作性质来看，相较于体力劳动者，脑力劳动者参加的会展活动的次数更多、时间更长，可能有更多的机会代表所在组织参加组织外部会展活动，如高校教师、医生经常为了学习和交流而参加领域内学术型会议。第二，从工作级别来看，相较于一线生产人员来说，管理者可能参加的会展活动的次数更多、时间更长。例如，管理者经常对外代表组织参加一些行业内的会议、展览或其他活动，在组织内部管理者也经常通过各种会议来布置工作、传达信息、沟通交流等。第三，从工作岗位来看，相较于一般的工作岗位，办公室工作人员、项目组工作人员等可能参加的会展活动次数更多、时间更长。例如，大学每年通常会主办、承办、协办很多会议、论坛、峰会等，而这些会议通常是由大学某个部门或院系的办公室和一些专业教师来组织的。另外，一些项目制企业每天开会的次数非常多，会议是解决工作问题的主要方式。

可见，会展活动已经成为大部分正式组织的重要的工作方式。这些会展活动可能是市场化运作的，也可能是部分市场化运作，还可能是非市场化运作的。但无论何种类型的会展活动，很多都是人们在工作时间必须参加的。

（2）会展是人类社会重要的生活方式。

对于现代社会的大部分个人来说，会展活动几乎成为一种重要的生活方式，主要表现在：第一，传统节日是人们生活的重要组成部分。节日是世界人民为适应生产和生活的需要而共同创造的一种民俗文化，是世界民俗文化的重要组成部分。各民族和地区都有自己的节日，有的节日源于传统习俗，如中国的春节、中秋节等；有的节日源于宗教，如圣诞节、复活节等；还有的节日源于对某人或某事的纪念，如中国的端午节、国庆节等。通常每个国家在重要的传统节日中都有法定假期，如中国的春节、国庆节，以及国外的圣诞节都是非常重要的假期，人们会在节假日里以各种方式庆祝，成为人们生活的重要组成和期待。第二，个人值得纪念的日子是人们生活的重要节点。每个人都有值得庆祝和纪念的日子，如生日、结婚纪念日等，这些日子通常是人生的重要节点，值得永远纪念和庆祝。人们可能会邀请亲朋好友来参加这样的私人庆典活动，也可能是家庭成员小范围内的庆祝。第三，一般的聚会。与亲戚、朋友、同学、同事等因各种目的聚会已经成为人们生活的重要组成部分。第四，参加面向公众开放的不同类型的会展活动。一是各种面向普通观众开放的展览会，如图书展、汽车展、教育展、婚庆展、消费品展等；二是各种节庆活动，如电影节、草莓音乐节、啤酒节、西瓜节、嘉年华等，这些节庆成为人们放松心情、休闲娱乐、学习体验的好去处；三是各种演出，如音乐、舞蹈、话剧、曲艺等；四是各种体育赛事，个人既可以作为观众观看体育比赛（如奥运会、足球赛等），也可以作为运动员参加各种体育赛事；五是其他各种活动，比如有年幼孩子的家庭经常会参加一些由图书馆、书店、培训机构等举办的亲子活动，再比如一些粉丝经常会参加明星见面会和其他相关的粉丝活动等。

可见，会展活动在日常生活中随处可见，已成为人们重要的生活方式。这些会展活动有收费的，也有免费的；有面向公众开放的，也有限定特定人群参加的；有在节假日举办的，也有在非节假日举办的。无论何种类型的会展活动，都是人们在闲暇时间自愿选择参加的。

（3）从"事业"的高度理解会展的功能。

会展是现代人类社会重要的工作方式和生活方式，不能单纯从产品和产业的角度研究会展功能，而应该站在"事业"的高度研究会展的功能。会展不仅是生产性活动，也是生活性活动，不仅对提高组织工作绩效有重要作用，对个人提高生活质量也有重大意义。从"事业"的高度研究会展的功能不仅对促进社会生产、提高人们生活质量有重要意义，同时也有助于促进会展产业在量和质两个方面的发展。从实践来看，会展活动中只有一部分是市场化的，即通过市场上的会展企业提供，还有很大一部分会展活动是企业内部的工作方式或者是家庭内部的小范围活动，这些活动可能没有市场化，或者是部分市场化。随着经济的发展、人们生活水平的提高以及会展活动专业化水平和服务水平的提高，一定会有越来越多的非市场化的、部分市场化的会展活动逐渐转变成部分市场化或完全市场化的会展活动，这将从质和量两方面促进会展产业发展。现有会展理论很少关注这类非（或部分）市场化的会展活动，但这些会展活动对于提高组织绩效或个人价值具有重要意义，同样需要理论和实践给予更多的关注。

此外，通过以上分析可以发现，对于个人来说，在工作时间参加的会展活动可以提高工作时间的效率和价值，在闲暇时间参加的会展活动可以提高闲暇时间的效率和价值。从资源的角度来看，时间对于个人和社会可以说是最重要的资源，除了吃饭、睡觉等维持基本生命的时间外，人的时间可以基本分为工作时间和休闲时间，而且不可能通过任何方式增加或减少。因此，让时间利用得更有效率、更有价值就成为每个人关心的重要话题。如上所述，会展活动既是一种生产方式，也是一种生活方式，能够提高工作时间和闲暇时间的效率和价值，因此会展活动在这个意义上可以被视为一种时间管理工具。

**2. 会展的本质是交流、交易的平台**

（1）平台和平台市场。

会展是现代人类社会重要的工作方式和生活方式，为人们提供了交流、交易的平台。平台（Platform）是一个真实或虚拟的空间，它可以引导或促进两个或更多客户之间的交易或交流。平台的参与者可以是双边主体，也可以是多方主体。以展览会为例，展览会是主要为参展商和观众双边主体提供交流、交易的双边平台。如果考虑广告商、赞助商等主体，展览会就是为参展商、观众、广告商、赞助商等多边主体提供交流、交易平台的多边平台。从经济学的角度来看，参与展览会的双边或多边主体存在互为需求的关系。

平台中包含两（多）类用户，各自通过公共平台与另一用户交互获得价值。平台向其双边用户提供产品或服务，其中一方所获得的收益取决于另一方参与者的数量。参与平台交易的双方往往具有互补的需求，只有当双边用户同时参与，并同时对平台提供的产品或服务产生需求时，平台才能实现其自身价值同时获得利润。现实生活中有很多平台类产品和企业，如各种电商平台（淘宝、京东、拼多多等）、各种中介机构（房屋中介、婚恋中介、家政中介等）。

展览会是典型的平台，主要的消费者包括参展商和观众两类。在平台企业竞争中，关键竞争要素是网络规模，用户使用该平台所获得的效用很大程度上取决于另一方终端用户的数量和规模。参展商的效用不仅取决于同边参展商的数量，也取决于相异且相容的另一边观众的数量；更进一步地，参展商的效用不仅取决于参展商和观众的数量，还取决于参展商和观众的质量。

（2）展览的消费者：参展商和观众。

参展商是指在展览会提供产品、技术、图片等进行展示的参展主体。参展商之所以参加展览，是因为通过展览会可以展示自己的产品、宣传自己的企业、促进交易的实现等，因此参展商对展览会是有需求的。从展览会需求者这个角度来讲，参展商是独立于展览会之外的，也就是说，参展商不应该成为展览会的构成要素。但从观众的角度来讲，观众参观的不是展览会本身，而是在展览现场展览展示的参展产品。没有参展商的参与，也就没有展览会的存在。因此，从观众的角度来看，参展商构成了展览会必不可少的要素。参展商的数量和质量决定了一个展览会的质量，如果一个展览会的参展商众多，而且有很高比例的参展商来自举办地以外甚至是国外，并且参展商大都是行业内的知名企业，展出的产品也是知名企业新推出、新研制出的产品，那么这个展览会就是一个高质量、高层次的展览会。这说明，参展商作为展览会的重要构成要素，决定了展览会的质量。高质量的展览会必定可以吸引到高质量的买家（尤其是专业性的观众），从而使参展商的参展目的尽可能地实现。

　　观众是展览会的又一重要消费者，有专业观众和普通观众之分。专业观众指企业或机构，普通观众指个人。如果单纯地把观众作为展览会的需求者来看，观众应该是独立于展览会之外的，不能成为展览会的构成要素。但从参展商的角度来看，参展商之所以参加展览会，是因为在展览会上可以接触到许多买家，这些买家可能是企业原来的老客户，也有可能是企业潜在的客户，因此展览会就为参展商提供了一个联系老客户、结识新客户的平台。从这个层面来看，参展商作为需求者对于展览会的需求也不是展览本身，而是观众，因此相较于参展商，观众也是展览会必不可少的构成要素。因为如果没有观众的参观、购买或欣赏，参展商参加展览会就没有任何意义，也就不会对展览会产生需求。此外，观众的数量和质量也在一定程度上决定了展览会的质量。如果一个展览会上的观众数量众多，尤其是专业观众所占的比例很高，而且专业观众都是一些大的采购商，或者专业观众对采购具有很大的决策权或很强的影响力，那么这个展览会就可以吸引到更多的参展商，这个展览会也应该是一个成功的展览会。

　　可以看出，参展商作为展览会的构成要素是相对于观众来说的，而观众作为展览会的构成要素是相对于参展商来说的。参展商和观众同是展览会的需求者，又在一定的条件下成为展览会的构成要素，可见参展商和观众对展览会的需求的实质应该是两者之间的互为需求。展览会为参与展览的各方提供一个交流、交易的平台，可以用平台的思维和理念来解释展览的需求者以及需求者之间的关系。当只考虑参展商和观众时，可以用双边市场理论来解释；如果考虑更多的需求者，可以用多边市场的理论来解释。

# 二、文献综述

## （一）展览文献基本分析

通过系统的文献梳理可以获得对所研究领域和分支领域整体上的了解（Tranfifield et al.，2003）。近年来国内外学者对中外展览文献做了一些文献综述，Sarmento 和 Simões（2018）综述了 1927~2016 年分布在管理学、营销学、地理学等学科领域的 31 种同行评阅期刊的 125 篇与展览有关的英文文献，研究认为参与展览会及其结果（包括效率、目标、选择和评价）是被研究最多的主题，占全部综述文献的一半以上。其中 3 种期刊中的展览文献最多，合计约占所综述文章的 45.6%，分别是产业营销管理（*Industrial Marketing Management*）、商业和产业营销（*Journal of Business and Industrial Marketing*）、会议和会展旅游（*Journal of Convention and Event Tourism*）。Tafesse and Skallerud（2017）专门综述了 1980~2014 年管理学领域的 24 种杂志的 91 篇文献。贾岷江和鲁力（2018）从营销学视角对国外文献进行了详细综述，论述了商品交易型展览研究的历史与未来。贾岷江等（2019）通过文献综述研究了交易型展览创新功能的理论研究动向。刘倩倩等（2020）基于 CiteSpace 的文献计量，根据 648 篇中外文献分析了中外商贸类展览会研究主题及差异。整体上，关于展览会的文献缺乏完整和系统的综述（Tafesse and Skallerud，2017）。此处先对本书的文献综述做基本分析。

### 1. 文献来源

本书关于展览会的文献选择集中在经同行评阅的中英文学术期刊上，并剔除掉书籍、书评、特刊介绍、社论、前言、简短评论或从业人员出版物。与展览会有关的中文学术期刊主要来自中国知网

（www.cnki.net）的中文社会科学引文索引（CSSCI），主要集中在会展、旅游、地理、经济、管理、营销、广告等领域，搜索的关键词主要包括展览（会）、展会、会展、世博会、交易会、博览会等。

展览会英文期刊主要来源于 Springer、ProQuest、EBSCO、Emerald、JSTOR、Taylor & Francis、ScienceDirect、Sage、Wiley 等数据库。期刊主要集中在会展、旅游、营销、广告、商业、地理、经济、管理等领域，市场营销类期刊被认为是发表展览会文献最多的期刊（Tafesse and Skallerud，2017），在其他研究领域，如旅游（Jin and Weber，2013；Whitfield and Webber，2011）和经济地理领域（Maskell et al.，2006），展览会研究也有所增长。搜索关键词采用 "Trade Show" "Trade Fair" "Exhibiton" "Exposition" 等，这些术语在营销类英文文献中被广泛使用，并经常相互混用（Palumbo and Herbig，2002）。Kirchgeorg 等（2010b）也指出 "Trade Shows" 和 "Fairs"、"Trade Fairs" 和 "Exhibitions" 是同义语。

### 2. 文献时间

从国内外研究来看，从 1990 年开始会展才成为一个重要的研究领域。从中文文献看，可以搜索到的中国知网文献也是从 1990 年开始的，甚至 2000 年以前的文献都相对较少。从外文文献来看，20 世纪 90 年代以前，没有专门的会展学术期刊，相关期刊上发表的展览会文章主要集中在营销类期刊上，而且也相对较少。例如，Tafesse 和 Skallerud（2017）选择了 1980 年以来的文献，因为作者经研究发现 1980 年前关于展览会的文献是非常少的，1980 年后展览会才得到了持续的学术研究，在其综述的 91 篇文章中，只有 4 篇是在 1980~1989 年发表的，绝大多数文章是在 1990 年以后发表的。Sarmento 和 Simões（2018）虽然没有限定综述文献的起始年份，搜索发现最早的关于展览会的文献是 1927 年发表的，但在其综述的 125 篇文献中也只有 12 篇是在 1990 年以前发表的。从 1990 年开始一些学者陆续出版了一些会展方面的专著，如

Goldblatt 在 1990 年出版的《特殊事件：庆典的艺术和科学》，Getz 在 1991 年出版的《节庆、特殊事件和旅游》，以及 Hall 在 1992 年出版的《大型旅游活动》；也陆续有一些专业会展期刊出现，如《会展管理杂志》（*Event Management*）[①] 于 1993 年创刊,《会议和展览管理》（*Journal of Convention and Exhibition Management*）也于 1998 年创刊。因此，本书涉及的文献大部分是 1990 年以后的文献。

### 3. 文献所属学科

目前关于展览会的研究主要是从营销学、经济地理学、会展旅游等三个学科角度切入的，而且关于展览会的研究最早是从营销学开始的。

从营销学角度来看，展览曾被认为是企业交流的工具，可以完成广告和展示的功能。后来这个观点受到挑战，并被"展览主要是销售产品和服务或签约"的观点所取代。但是，由于购买过程较为复杂，使得现场交易很难达成，因此展览就成了"促成展后交易的活动"。20 世纪 80 年代，许多研究者认为企业通过展览追求除交流和销售之外的多重目标。展览会在品牌塑造、新产品介绍、顾客获取和销售、维护顾客忠诚度等方面发挥着非常关键的作用（Sarmento and Simões，2018）。

展览会因与商业运营有关而被视为"商业和贸易"，经常被企业用于营销工作（Sarmento et al., 2015a）。在营销实践中，销售企业通常将展览会视为促销活动，在展览会举办期间，他们可以推广产品、获得销售线索并进行销售谈判。企业通常会将其促销预算的很大一部分投资展览会这样的活动，这对于在采购过程的关键阶段联系产业买家尤其有用，因为产业买家会评估替代解决方案、产品和供应商（Gopalakrishna and Lilien, 1995；Deeter-Schmelz and

---

[①] 最初名为《节庆管理和节事旅游》（*Festival Management and Event Tourism*）。

Kennedy，2002；Moriarty and Spekman,1984；Parasuraman,1981）。

市场营销和管理学者在 20 世纪 60 年代末开始调查、研究展览会，目的是为关注"展览成本过高"的行业营销人员提供如何充分利用这些促销工具的指导（Banting and Blenkhorn，1974；Bellizzi and Lipps，1984；Bonoma，1983；Carman，1968；Cavanaugh，1976；Kerin and Cron，1987）。因此，产业营销理论集中于衡量和最大化展览效果（Dekimpe et al.，1997；Gopalakrishna and Lilien，1995；Gopalakrishna and Williams，1992；Gopalakrishna et al.，1995；Hansen，2004；Herbig et al.，1993；Li，2007，2008；Sashi and Perretty，1992；Seringhaus and Rosson，2001；Shoham，1999；Smith et al.，2004；Tanner，2002；Williams et al.，1993）。

总体来看，目前营销学关于展览会的认识主要有以下四种观点：

第一，展览会是一个可能获得关于产业和市场发展趋势信息的工作场所（Hansen，2000；Smith et al.，2003）。展览在分享和传播信息方面起着相关作用（Bettis-Outland et al.，2012；Borghini et al.，2006；Tanner et al.，2001），这可以刺激创新（Sarmento et al.，2015a）。此外，信息收集对于企业来说是学习的过程（Borghini et al.，2006；Tanner et al.，2001；Rinallo et al.，2010b）。

第二，展览是一种整合营销工具。一些研究把展览会视为整合营销工具（Smith et al.，2004；Rinallo and Golfetto，2006；Blythe，2010；Kirchgeorg et al.，2010b）。展览会营销必须要与整合营销目标和企业营销战略相一致，这需要展览计划和营销计划目标一致（Pitta et al.，2006；Kirchgeorg et al.，2010a）。

第三，展览会是一种关系营销工具。从关系的角度看，展览会是互动的重要场所和关系营销的有效工具（Blythe，2002；Rice，1992）。一些研究认为展览会是交流和构建关系的平台，展览会为基础关系发展提供了相关场景（Li，2006；Sarmento et al.，2015b），展览会可以被视为建立和加强商业关系网络的场所

（Schuldt and Bathelt，2011；Bathelt and Gibson，2015）。展览会是企业实现其发展战略伙伴投资最大化的完美场所（Bettis-Outland et al.，2021），是企业交流计划的组成部分，包括参展商和观众之间不同程度的互动，这些互动可以收到反馈并进行双向交流（Rosson and Seringhaus,1995）。展览会对于关系营销来说是特殊的互动情境和有用的工具（Sarmento et al.，2015a；Sarmento et al.，2015b）。Sarmento等（2015b）从关系营销的角度认为展览会上特殊的氛围会增强社交行为在建立联系、承诺，进而提高关系质量方面的作用。企业需要和消费者对话，而不是单向的联系，这意味着展览会应该从单方面关注参展商转向同时关注参展商和观众的交流需求（Blythe，2010）。

第四，展览会是重要的国际营销工具。参展商经常在其国际营销战略中使用展览会（Evers and Knight，2008；Li and Shrestha，2013），因为展览会可以促进企业的国际化进程并帮助企业建立新的贸易联系（Herbig et al.，1998；Palumbo and Herbig，2002）。展览会可以为参展商建立/加强商业联系，以及为发展商业关系提供广泛的机会，可以使企业实现国际扩张、进入全球价值链（Neosson and Cambell-Hunt，2015）。展览会对于小型出口企业开拓国际市场尤其重要（Evers and Knight，2008），但相较于大型企业，由于时间和成本限制，小型企业较少参加展览会（Dekimpe et al.，1997；Shipley et al.，1993）。

从经济地理学的角度来看，展览会研究采用了诸如"基于会展的商业网络"（Hedaa and Tornroos，2008）和"临时性的空间集群"的概念（Rinallo and Golfetto，2011）。展览会被视为临时集群，可以促进地理上和技术上相距遥远的产业参与者之间在一个场馆内近距离接触（Power and Jansson，2008）。相较于永久性集群，展览会是一种知识交换和发展关系的临时空间（Maskell et al.，2006）。展览会缩短了专业买家和销售者之间物理的、社会的和技

术的距离，并有利于学习和企业间相互合作（Li，2006）。Bathelt
等（2002）以生产视角为基础，以集群发展的本地峰鸣和全球管道
模型为基础，探索专业化市场领域的企业如何进入更广阔的市场。
从这一视角来看，展览会被视为临时性集群，在这种集群中，有组
织的邻近形式使企业能够与地理上相距遥远的参与者进行互动和学
习，从而摆脱嵌入性的负面影响（Maskell et al.，2006）。

从会展旅游的角度来看，展览会研究倾向于采用从更广泛的
旅游和营销文献中得出的思想和概念。会展旅游以参会或参展为
载体，其目的并非旅游，而是参加会议或展览，旅游只是主观或
客观上由参会（展）引发的伴生行为。前面提到，王敬武（2008）
深入研究了会展旅游的本质，并明确提出旅游是旅游，会展是会
展，原本两者之间没有必然的联系，若把旅游与会展结合起来成
为会展旅游并在旅游的范围内进行研究，研究的主旋律就是旅游。
本书以展览会功能和发展模式为研究对象，研究的是展览会本身，
不从旅游的角度论述。

Rinallo 等（2017）认为从营销角度研究展览会的文献与从经
济地理学角度的研究是独立发展的，营销学视角的展览会研究不
关注地理概念。当然，在具体研究中，这三个学科角度不是彼此
孤立的，而是紧密联系的，比如从经济地理学角度，展览会被视
为动态的整体市场营销平台，在这个平台上产业集聚和地理集群
可以提高国际认知（Rinallo et al.，2017）。

## （二）展览会功能相关文献

研究展览会的功能与以下几个问题相关：参展商和观众的参
展动机是什么？参展商和观众如何选择展览会，是怎样做参展决
策的？参展商和观众的参展目标是什么？参展商和观众参加展览会
的效果如何？组展商如何策划和提供更好的展览会以满足参展商和
观众的需求？已有与展览会功能相关的文献主要集中在参展动机、

参展决策、参展目标和绩效等方面，但从理论上研究展览会功能的文献还比较少。以下从参展动机、参展决策、参展目标和绩效评价四个方面对展览会功能相关文献进行综述。制造商、供应商、专业买家、分销商、行业协会、监管机构和政府部门都会参加展览会（Rosson and Seringhaus，1995），但展览会的主要消费者包括参展商和观众（包括专业观众和普通观众）两类，因此本书关于展览会功能的相关文献主要从参展商和观众两个层面来综述。

**1. 参展动机**

动机可以分为推动和拉动两个方面的动机，有些学者认为推动和拉动因素是分开的（Dann，1977），也有一些学者认为推动和拉动因素是相互影响的（Klenosky，2002；Prayag and Ryan，2011）。Yi 等（2018）认为观众参展动机包括推动和拉动两个动机，而且这两个动机之间有相关关系。参展商和观众的动机相互匹配才能达到好的参展和观展效果，但 Lee 等（2010）发现参展商动机和观众动机有时并不匹配，如有时观众主要关注非采购活动，而参展商则主要关注销售活动。因此，研究参展商和观众的参展动机，并尽可能地促使参展商和观众的动机相互匹配，对于参展商、观众和组展商等利益相关者都有重要意义。

（1）参展商的参展动机。

企业参展就是为了最大限度地销售自己的产品，从而获得最大化的利润。实践证明，展览会是企业销售产品的重要渠道。展览会是企业进行市场调查的好机会，因为展览会可以集中行业内部的大部分买家和卖家。参展商可以通过展览会了解市场供求水平、发展趋势、消费者消费习惯和偏好、销售渠道、客户的反应等。参展商不仅需要和顾客交流，还需要和其他参展商交流。参展商参展的主要动机包括销售导向、促销导向、调查导向和长期利益导向的动机（Kerin and Cron，1987；Kozak，2005）。早期学者就参展商的主要参展动机是实现短期和长期的销售这一点达成共识

（O'Hara et al.，1993；Shoham，1992）。Haon 等（2020）认为展览会在信息交换方面起重要作用。参展商参加展览的主要动机是收集采购信息（Hough，1988）、竞争对手信息（Blythe，2000）、一般市场研究信息和最近的技术信息（Rice and Almossawi，2002）。

展览会是推出新产品和新服务的重要场所，这主要是因为展览会的生命周期要先于产品的生命周期。展览会对于参展企业来说是展示其在不同开发阶段的产品概念的常用工具（Kim and Mazumdar，2016）。Tanner 和 Chonko（2002）也认为对于处于任何生命周期的产品，展览会都是有效的营销工具。一些文献强调创新是重要的参展动机之一（Hansen，2000；Munuera and Ruiz，1999），引出了"新产品开发和使用"的主题（Bello and Barczak，1990；Tanner and Chonko，2002；Kim and Mazumdar，2016）。由于潜在的使用者和购买者会参加展览会，因此展览会是提升新产品开发和使用的重要工具（Bello and Barczak，1990；Chiou et al.，2007）。消费者因为在展览会上与产品和销售者直接接触，因此展览会可以促使消费者接受创新的产品并减少采用新产品的障碍（Barczak et al.，1992）。

（2）观众的参展动机。

大量文献研究了观众联系供应商的参展动机。从观众角度来看，展览会提供了联系相关供应商的独特机会（Borghini et al.，2006；Godar and O'Connor，2001），可以加强与已有供应商的联系并发展新的关系（Blythe，2002），或找到新的供应商（Hansen，2000）的理想场所。因为展览会可以把大量供应商聚集在一个单独的场馆，专业买家可以有机会联系和评估一些替代性供应商（Bello，1992；Blythe，2002）。展览会为专业买家根据复杂的采购标准评估潜在供应商提供了一个绝佳的平台（Jackson et al.，1987；Moriarty and Spekman，1984）。研究表明，专业买家的参展动机是变化的，最开始专业买家倾向于搜寻技术信息，以更好地理解其采购需求，并形成替代性的产品解决方案。一旦确定了采购需求，专业观众就会把注意力转移到其他因素，如价格、送货时间、消费者服务和供应商名誉（Bello，1992；Borghini et al.，2006）。还有很多文献研究了观众搜集信息和学习的参展动机。观众参加展览会是为了搜寻采购信息并参加与展览相关的学习活动（Tanner et al.，2001）。Lee 等（2010）发现观众最主要的参展动机就是市场调查（比较产品/服务和试用产品）和信息收集（新产品、新服务和新技术），这两个动机在综合展上对于专业观众和普通观众同等重要。研究表明，大部分观众对现场购买并不感兴趣（Borghini et al.，2006），展览主要是便于知识分享的临时性集群（Bathelt et al.，2014；Rinallo et al.，2010；Rinallo et al.，2017）。观众在展览上寻找信息和学习机会（Li，2006；Rinallo et al.，2010），这在个人层面（普通观众）和组织层面（专业观众）都非常重要（Bettis–Outland et al.，2010；Rosson and Seringhaus，1995）。这样的学习体验可以产生宏观层面的效果，从而产生集体观念和社区观念（Borghini et al.，2006）。还有少量文献认为观众参展是为了获得创新灵感。观众倾向于在展览上获得创新（Blythe，2002；Munuera and Ruiz，1999；Rosson and Seringhaus，1995）。

不同类型的观众有不同的参展动机。根据参展动机，观众可以被分为两类：采购者和非采购者。采购者的主要动机是采购，而非采购者的主要动机是收集信息并跟踪产业趋势。非采购者把展览会视为观察新产品、收集行业发展趋势信息、了解产品实际功能、获得研发新产品的灵感的场所（Montgomery and Strick，1995）。Lee 等（2010）认为非采购者的动机可以划分为三种类型：参观特定企业和产品、获得信息、构建关系网络。非采购者参加展览会的主要动机是收集信息，即从新产品中获得灵感、获得新的和意外的知识、与已有供应商维持个人联系、与新的供应商和其他观众建立新的联系（Borghini et al.，2006）。参展商不应该忽视今天的非采购者，因为这些非采购者未来可能会成为长期的采购者（Tanner et al.，2001）。Borghini 等（2006）、Rinallo 和 Golfetto（2006）、Rinallo 等（2010）、Rinallo 等（2017）广泛地研究了观众参展动机，并将观众分为典型购买者和非典型购买者。典型购买者是指致力于购买的采购中心成员，其参展动机主要包括会见供应商并寻找解决方案。非典型购买者对采购并不感兴趣，甚至并不直接参与采购过程（Borghini et al.，2006），其参展动机包括：积累关于产品、供应商和解决方案的信息以供将来参考；会见并礼貌性拜访知名和常规供应商；更新专业技能从而提高其在组织内的信誉；获得产品创新的"灵感"；参加行业内的重要活动；成为社区的一部分；在出现危机时能够保证获得供应商和其他客户。

已有文献更多地关注专业观众参展动机，理论上讲还需要理解参展对于普通消费者实现个人目标和创造价值的作用。Rittichainuwat 和 Mair（2012）认为消费类展览会观众的参展动机与专业展览会观众的参展动机有所不同，因为前者是基于休闲需求，而后者是基于贸易需求。普通消费者可能需要与专家交谈以增长其在某一领域的知识，或者想要获得折扣，也可能就是想在展览会上以一种愉快的方式获得一种休闲体验。

### 2. 参展决策

现有的展览会数量众多，国家和国际层面上展览会数量都在不断增加（Rice and Almossawi，2002；Smith et al.，2003），这增加了参展商和观众参展决策的复杂性（Berne and García-Uceda，2008）。一些学者指出参展决策取决于能否获得新的信息和机会，以及基本的展览属性（如展览会声誉、参展商的质量或数量）和竞争对手的存在（Kozak and Kayar，2009；Rittichainuwat and Mair，2012；Severt et al.，2007；Song et al.，2017；Whitfield and Webber，2011）。还有学者认为选择展览会是复杂的决策过程，通常要考虑收益（如会见客户、获得产业发展趋势信息、销售线索）和成本（如交通、住宿、展台搭建、员工工资）（Berne and García-Uceda，2008；Blythe，2000；Browning and Adams，1988；Herbig et al.，1997；Tanner，2002）。虽然影响参展决策的因素非常重要，但已有文献对这方面的研究还相对较少（Berne and García-Uceda，2008）。参展商和观众需要先对展览会进行评估，并根据一定的标准选择展览会。一些文献关注企业选择和参加展览会的标准（Jin et al.，2010；Kijewski et al.，1993；Lilien，1983；Shoham，1992），但参展商和观众选择参展的程序是不同的，因为参展商把展览会视为一种有效的营销工具，而观众并不这么认为（Berne and García-Uceda，2008）。也有研究认为影响参展商和观众参展决策的因素存在共性，如最重要的决策影响因素是组织者和展览绩效，参展成本则是最不重要的。只要展览会组织者提供商业机会和高质量服务，参展商和观众就愿意参展（Jin et al.，2010）。下面从影响参展商和观众参展决策的共同因素、影响参展商参展的决策因素两个方面论述。由于只有少量文献研究了单独影响观众参展决策的因素，如 Berne 和 García-Uceda（2008）认为企业在商业网络中的定位，即从交易型转向关系型的变化会影响观众选择展览会的标准，因此此处不详述影响观众参展决策的因素。

（1）影响参展商和观众参展决策的共同因素。

1）展览会举办的时间和地点。对于参展商来说，展览会举办的时间和地点是参展商在评估和选择展览会时首要考虑的因素（Kijewski et al.，1993）；对于观众来说，展览会举办的时间和地点也是影响参展决策的关键因素（Hough，1988）。

2）展览会类型。展览会类型对参展决策有影响（Shoham，1992），因为不同类型的展览会有不同的交流环境，参展商和观众会依据展览类型进行参展决策，并选择具体的展览会（Kijewski et al.，1993）。Gopalakrishna 和 Williams（1992）认为纵向展更有利于产生有效的联系。展览会的地理市场覆盖度和类型（纵向或横向）都会影响潜在参展商和观众的参展决策（Berne and García-Uceda，2008）。参展商根据目标市场（纵向或横向）的特点、相关竞争者（纵向或横向）的情况以及展览会的地理范围（地区的、国家的或者国际的）选择展览会（Shoham，1992）。对于潜在的参展商来说，纵向展览是否更具有优势取决于参展商的目标。对于观众来说，当观众倾向于实现有效采购或建立有效的销售线索时，更愿意选择纵向展览；当采购目标不是主要目标时，横向展览有更多优势（Rice and Almossawi，2002）。

3）展览会声誉和形象。Kijewski 等（1993）认为展览会声誉是参展商评估和选择展览会主要考虑的因素之一。Shipley 和 Wong（1993）也发现展览会形象是选择展览会的重要决策标准之一。以前展览会的效果是影响参展商进行展览会选择决策的基本因素（Hansen，2004）。一些学者认为展览会的品牌认知和品牌形象是参展商参展决策的影响因素，同时也会影响参展商未来是否重复参展（Berne and García-Uceda，2008；Geigenmüller and Bettis-Outland，2012；Jin and Weber，2013）。知名品牌展览意味着在观众活动和质量、与目标观众联系的机会、销售线索等方面表现优秀（Gopalakrishna et al.，1995）。对于观众来说，以往展览会的观众数量以及未来展览会观众数量的预测，是影响观众参展决策的相关信息（Berne and García-Uceda，2008）。品牌展览会也能使观众的参展目标尽可能地实现（Munuera and Ruiz，1999）。

4）展览会管理。从展览管理的角度来看，Seringhaus 和 Rosson（2001）发现组展商提供的附加设施和服务会影响参展商的参展决策。展览会组织者的绩效指标（如关系质量、服务质量、整体满意度等）会影响参展商参展决策（Gottlieb et al.，2011；Jin et al.，2012b；Tafesse and Skallerud，2017；Whitfield and Webber，2011）。Browning 和 Adams（1988）发现组展商提供优质服务和友好注册程序的能力也会影响观众的参展选择，虽然这种影响是次要的。

（2）影响参展商决策的因素。

除了以上影响参展商和观众的共同因素外，还有一些因素会影响参展商的参展决策：一是企业目标。参展决策与两个主要的市场营销目标有关：顾客获取和顾客维系。从企业营销观来看，现在企业的营销重点已经从销售和获得新客户转变成了发展顾客关系和维系顾客。二是观众的质量和数量。Browning 和 Adams（1988）发现观众规模和观众质量（如具有采购决策权的观众比例）是企业最常用的参展选择依据。此外，还有很多研究都发现观众的数量和质量在参展商参展决策中起关键作用（Kijewski et al.，1993；Seringhaus and Rosson，2001）。衡量观众质量的指标主要是观众在所在企业的采购决策程序中的作用（Bello，1992；Bello and Lohtia，1993）。三是其他因素。影响参展商决策的其他因素还可能和展览会与其他市场营销项目产生联系和协同能力有关（Kijewski et al.，1993；Rice and Almossawi，2002）。Herbig 等（1997）认为生产复杂产品、高附加值（高价格）产品、技术复杂产品、不经常购买的产品的企业更倾向于参加展览会，小型企业受财力和人力限制倾向于不参展，服务型企业也倾向于不参展。此外，一些研究认为大企业倾向于参展（Banting and Blenkhorn，1974；Shipley et al.，1993；Williams et al.，1993；Dekimpe et al.，1997）。

### 3. 参展目标和绩效评价

目标和绩效评价是紧密相关的一组问题，参展目标和绩效评价有很多相同的地方，这里合并来论述。两者的区别在于，参展目标通常是从参展主体（参展商和观众）的角度来说的，从理论上讲，参展主体都应该有自己的参展目标。但实际上很多参展主体可能根本没有明确的参展目标，研究表明很多企业只设很少的目标或根本没有参展目标，管理者通常有明确的参展目的，但这些目的很少被转化为定量的目标（Blythe，1996，2000）。参展绩效是一种衡量企业如何有效和高效地完成预先规定的展会目标的指标（Hansen, 2004），旨在量化展会工作的成功程度，并确定其经济回报（Shoham，1999）。参展绩效评价指标往往与参展目标采用大体相同的指标体系，参展主体是否能够在参展前设立明确的参展目标往往会对参展绩效产生重要的影响。参展绩效研究是展览会研究中数量最多的主题，而且主要从参展商角度证明展览投资的合理性。

（1）参展商的参展目标和绩效评价。

Bonoma（1983）认为参展商参加展览的目标可以划分为销售目标和非销售目标。销售目标包括：①确定潜在消费者；②获得与现有或潜在消费者所在企业的关键决策者接触的机会；③宣传供应商产品、服务和人员信息；④销售产品；⑤通过接触解决往来账户问题。非销售目标包括：①提高企业形象；②收集竞争对手产品、价格和其他营销目标的信息；③产品测试评估。这些分组目标在 Kerin 和 Cron（1987）的研究中得到了验证。Kerin 和 Cron（1987）认为展览也能够实现销售之外的其他目标（如测试市场对于产品的接受程度、寻找可能的代理商和经销商），这些非销售目标通常能够反映出企业在市场中的定位，但他们把销售以外的其他目标看作是单一维度的。一些学者认为这种观点过于狭隘，如 Shoham（1999）就提议应该还有三个独立的次级维度：信息收集、客户关系管理，以及员工心理精神方面的工作（士气的保持和形象的改善）。Hansen（2000）认为通常管理者都有行为和结果目标，展览会能够把一些直接销售因素（如结果）与其他市场营销和相关活动（如行为）结合在一起。参展目标可以分为经济目标和心理目标，经济目标多指收入增长，而心理目标则与意识、形象、满意度、熟悉度、偏好和顾客忠诚度相关（Ponzurik，

📝学习笔记

1996；Shipley et al.，1993；Cavanaugh，1976）。由于展览会结合了个人销售（如销售人员配备展位）、广告（如产品展示、宣传册）和现场沟通（如产品体验、娱乐）等要素，因此有助于参展商同时追求多个营销目标，如提高产品知名度、建立客户关系并影响采购决策（Blythe，2002；Sarmento et al.，2015b；Tanner，2002）。展览会的目标是多方面的，而且很多企业利用展览会实现沟通和销售以外的各种目标（Hansen，2000；Dekimpe et al.，1997；Gopalakrishna et al.，1995）。一些研究关注不同目标的优先性，如Chiou等（2007）发现关系管理对创新企业来说是更加重要的，Kim和Mazumdar（2016）认为介绍新产品比销售更重要。

有很多文献研究展览绩效问题（Dekimpe et al.，1997；Gopala-krishna and Lilien，1995；Kerin and Cron，1987；Seringhaus and Rosson，2001；Tanner，2002）。与参展目标的指标选取一样，参展绩效评价也经历了从简单指标到复杂指标转化的过程。早期大多数研究者在测评参展绩效时，都把重点放在展览会所实现的销售业绩方面，仅仅使用一个或者很少的几个评估变量。Carman（1968）是最早研究参展绩效的学者，对后来的研究影响深远（Sarmento and Simões，2018），该研究把有效参展界定为清晰的企业目标、完整的记录和高质量观众的市场细分。由于展览被视为企业个人销售努力的延伸（Gopalakrishna and Williams，1992），早期的研究重点放在理解销售效率（Bellizzi and Lipps，1984；Kerin and Cron，1987；Bello and Lohtia，1993；Gopalakrishna and Williams，1992；Williams et al.，1993；Gopalakrishna and Lilien，1995，Seringhaus and Rosson，2001）和非销售效率上（Blythe and Rayner，1996；Shoham，1999；Hansen，2000，2004）。近年来，一些学者提出更复杂的绩效评价指标体系，如Bettis-Outland等（2010）、Bettis-Outland等（2012）提出了展览信息回报指数（The Return on Trade Show Information，RTSI）来衡量参展商在展览会上信息收集的

整体影响和效果，包括参与者的利益，并将测量扩展到展览会情境之外。展览信息回报指数包括有形的收益（如新的消费者）和无形的收益（如新产品开发）。整体来看，已有文献对企业参展绩效评价很多是基于展会期间的表现（Gopalakrishna and Williams, 1992；Rosson and Seringhaus, 1995；Li, 2006；Reychav, 2009），也有基于展后表现的（Blythe, 1999；Bonoma, 1983；Pitta et al., 2006；Bettis–Outland et al., 2010；Smith et al., 2004）。

（2）观众的参展目标和绩效评价。

文献认为观众的参展目标也分为购买目标和非购买目标（Hansen, 1996；Smith and Smith, 1999）。购买目标主要是与采购产品和签订合同相联系，非购买目标则是为发展专业的关系网络、浏览新的供应商、收集竞争者信息（Smith and Smith, 1999）。以往在展览会上采购是非常普遍的（Sarmento et al., 2015a），但现在观众认为在展览会上采购的价值在降低，而且越是有经验的观众认为在展览会上采购的价值越低（Sarmento et al., 2015b）。

近年来，文献开始从观众角度研究展览效率（Zhang et al., 2010；Tafesse and Korneliussen, 2012；Gottlieb et al., 2011）。观众参展绩效主要通过社交活动来衡量，如会见同行、新的供应商或行业专家；观察新产品的演示；比较不同参展商的产品（Evers and Knight, 2008；Smith et al., 2003）等。但目前研究观众参展绩效的文献还非常少。

## （三）绩效评估模型和影响因素

前面所述的参展动机、参展决策、参展目标和绩效评价贯穿整个参展过程，彼此之间有密切的联系。尽管已有研究中很大一部分是致力于这些不同阶段活动的研究，但对于这些活动是如何相互影响并协同工作的机制却知之甚少（Tafesse and Skallerud, 2017）。一些学者提出了不同的模型来理解不同阶段、不同活动之间的相互关系。

**1. 绩效模型**

（1）三阶段参展绩效评估模型。

学者认为整个参展过程可以划分为三个阶段，第一阶段是展前阶段，第二阶段是展中阶段，第三阶段是展后阶段，这个模型长时间被展览产业广泛采用（Tanner，2002）。在整个展览规划中，这三个阶段有不同的目的（Rosson and Seringhaus，1995；Tanner，2002）。展前阶段主要是展览开始之前的计划阶段，展中阶段是展览的现场展示和执行阶段，展后阶段是展后跟踪阶段（Gopalakrishna et al.，1995）。

有很多文献研究了三阶段展览模型（Herbig et al.，1994；Gopalakrishna et al.，1995；Gopalakrishna and Lilien，1995；Rosson and Seringhaus，1995；Smith et al.，2004；Tanner，2002）。Rosson 和 Seringhaus（1995）使用三阶段程序模型研究了观众行为以及观众和参展商的互动，并解释了为什么三阶段程序模型对于检验参展绩效是有效的。他们发现观众在展览会的展前、展中和展后三个阶段是不同的，因为展览是一个临时性的活动，观众在不同的阶段有不同的需求。例如，观众在展前需要通过各种信息渠道了解展览并决定是否参加展览，这时候参展商就应该向现有顾客或潜在顾客发送邀请函，这样的邀请函对观众是否参展可能起着最重要的影响。另外，参展商还会做很多其他工作，如发布展商信息、免费注册、在展览杂志上做广告等（Hough，1988），并设立参展目标（Kerin and Cron，1987）以便与观众在展前有效互动。

图 2-1 是 Gopalakrishna 和 Lilien（1995）提出的三阶段企业参展绩效评估模型。模型的第一阶段表示展台的吸引力，即被吸引到展台的目标观众占整体展览观众的比例。吸引力衡量的是展台是否能够有效地吸引目标观众。企业使用吸引技巧、展前营销、

展台规模、战略位置等来提高吸引效率。模型的第二阶段表示展台工作人员的绩效，即沟通效率。沟通效率衡量企业所能控制变量的效果，如果企业参展目标包括处理顾客意见，展台工作人员和培训则是一个合适的绩效指标。模型的第三阶段考察销售线索。销售线索可从现有顾客中产生，也可从新顾客中产生。线索代表潜在的销售，表示观众对于后续销售的兴趣，这里用转化效率来反映销售人员把沟通转化为线索的能力。除了销售人员的能力，转化效率也依赖于其他的不可控因素，如行业内企业的声誉、与竞争对手相比产品质量、感兴趣观众是否在近期具有购买计划等。

☞学习笔记

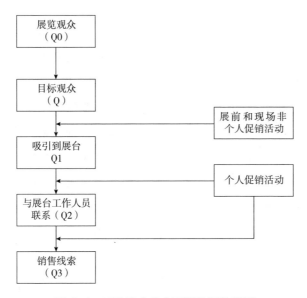

图 2-1　三阶段企业参展绩效评估模型

三阶段参展绩效评估模型在以下方面做出了重要贡献：第一，提出概念框架，使更直接或更客观地评估展览绩效成为可能，清晰地把不同的目标和相应的绩效指标联系起来。第二，把绩效指标和企业控制变量联系起来，这样就可定量研究展览绩效，并提供整合企业数据和观众数据的框架；同时，把每个阶段的变量与合适的绩效衡量指标联系起来，来评估关键的决定性变量与所要达到的绩效水平之间的关系。第三，分析了在不同情况下展览资源的分配。第四，该研究所发展的模型对于不同类型的展览会具有可重复性。

但对于这三个阶段的研究是不均衡的（Tafesse and Skallerud，2017）。以往学者更注重展中现场活动（如产品展示、展台设计、展台工作人员行为等），因为现场销售是衡量绩效的主要指标（Bello，1992；Tanner，2002）。但现在展览会现场销售已经成为企业建立战略关系的辅助因素（Geigenmüller，2010；Sarmento et al.，2015a），这将促使研究更关注展前和展后行为。

（2）多维度参展绩效评估模型。

图 2-2 是 Seringhaus 和 Rosson（2004）提出的多维度参展绩效评估模型。一个有用的评估模型应该包括对参展效果的评估（参展效果变量体系）和对会展工作的评估（参展工作变量体系），这两套变量体系也具有一定的联系。多维度参展绩效评估模型使用标准相互关联方法来研究效果变量和工作变量之间的关系。标准相互关联是一种多功能且功能强大的技巧，它能够对一系列广泛的变量体系进行分析，这种分析需要建立一个对参展效果进行评估的结构体系。对参展效果的评估标准是多方面的，这样才能够区分确认绩效好和绩效一般的参展商。此外，还需要使用一个分类技巧来区分哪种水平的参展绩效是与哪些不同的企业工作变量相关的。

多维度参展绩效评估模型把展览会作为一个程序来研究，目的在于为企业参展绩效测量提供一种更加与现实相符、更易理解的方法。模型发现了一系列企业行为变量和绩效变量间的关系，强调了展览会管理的影响及其充当的角色。通过对高绩效企业和低绩效企业之间的会展计划和管理行为的对比分析，显示出它们在展前、展中及展后行为的巨大不同，即高绩效企业热衷于沟通、培训和充分准备，投入更多的资源，更加积极的管理行为并与观众互动沟通。多维度参展绩效评估模型第一次尝试介绍更多的系统和方法来了解展览会。

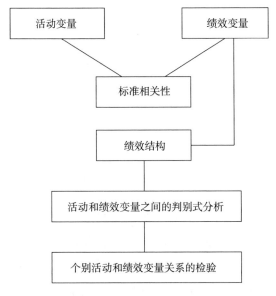

图 2-2　多维度参展绩效评估模型

资料来源：Seringhaus 和 Rosson（2004）。

（3）展览过程绩效评估模型。

图 2-3 是 Li（2008）提出的展览过程绩效评估模型，该模型证明了三阶段展览绩效评估模型提出的"展览过程影响展览绩效"的观点，同时从两个方面拓展了三阶段展览绩效评估模型：第一，根据企业资源基础论引入了"展览过程"这个新的预测变量；第二，作者检验了展览过程是否完全或部分地调节资源因素对于特定展览的销售目标和非销售目标完成程度的影响，而这个问题在三阶段展览绩效评估模型中并没有检验。

**2. 绩效影响因素**

（1）展览会不同阶段的绩效影响因素。

Kerin 和 Cron（1987）根据销售目标和非销售目标的完成程度，把参展企业分为绩效好和绩效差两组，然后研究诸如行业类型、企业和展览会战略对于参展效果的影响程度。研究结果表明，

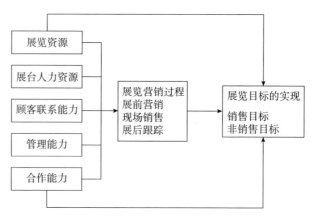

图2-3　展览过程绩效评估模型

13项预期影响因素中只有4项被证明在统计上是重要的：产品数量、顾客数量、既定的参展目标，以及专业展会的用途。有趣的是，这4项预期影响因素全部是展览会战略因素，都明确说明了参展项目运营管理工作对产生良好效果的重要性。Gopalakrishna和 Lilien（1995）用三阶段展览绩效评估模型研究影响参展绩效的因素，主要包括：展前促销、展台面积、吸引观众眼球的技巧使用、竞争力以及展台销售人员的数量及培训，每个阶段的参展效果都是由不同的因素来增强的，这再一次证明了企业为参展所进行的各项工作对参展效果的重要性。Dekimpe 等（1997）在概念上相对地扩展了这项工作，设定了衡量展台效率的变量，即展台人员实际接待目标观众的数量占目标观众总数的比例。研究发现，展览效果的主要决定要素是展前的促销花费、展台面积、每平方英尺的工作人员的数量，以及专业展览（相对于综合性展览会）作用。Lee 和 Kim（2008）用三阶段展览绩效评估模型，研究了展前、展中、展后不同变量对展览绩效（形象提升、销售效率、信息收集和关系提升）的影响，结果表明展前营销、员工培训、展台的位置和展后跟踪对形象提升绩效和信息收集绩效有影响。由于参展过程是一个具有一定时间跨度的过程，不同阶段的变量对参展绩效会有不同的影响，所以此处也用展前、展中、展后三个阶段来进一步分析影响参展绩效（各种绩效质变）的因素。

1）展前阶段。展前的非个人促销可以吸引目标观众来到参展商的展位（Gopalakrishna and Lilien，1995；Li，2007）。成功的参展商更倾向于使用展前促销（Tanner，2002）。Dekimpe 等（1997）也认为展前促销对展台吸引力效率有积极影响。经过适当的培训，展台员工就可以快速地分辨出采购者。展台员工培训对增加与参观展台的目标观众的联系有积极的影响（Gopalakrishna and Lilien，1995）并达到参展目标（Li，2007）。

2）展中阶段。展台规模的增加可以从潜在观众中吸引更多的观众（Gopalakrishna and Lilien，1995）。实证研究表明，展位人员效率在吸引效率、接触效率和转换效率方面影响展会绩效（Dekimpe et al.，1997；Gapalakrishna and Lilien，1995；Gopalakrishna and Williams，1992）。展台员工中销售人员的平均数量会影响联系和沟通效率（Gopalakrishna and Lilien，1995）。展台员工的质量是预测观众吸引效率的变量（Dekimpe et al.，1997；Gopalakrishna and Williams，1992）。Li（2020）认为参展商主要通过其展台工作人员实现参展目标。展台工作人员与观众的互动对展会绩效有重要影响（Rinallo et al.，2017）。一些学者讨论了展台互动与展览绩效的关系（Blythe，2010；Gottlieb et al.，2011；Jin et al.，2012a；Rosson and Seringhaus，1995；Smith et al.，2004）。展台员工是参展商服务的主要提供者（Lee and Kim，2008；Tanner and Chonko，1995），因此展台员工配置对参展绩效有显著影响（Li，2007），但有关展台员工对参展绩效影响的研究非常少（Gopalakrishna and Lilien，1995；Lee and Kim，2008；Li et al.，2011；Sridhar et al.，2015）。Li（2020）探讨了参展商的展位工作人员承诺对角色清晰性、目标接受度和工作努力的影响。

3）展后因素。经验表明，当展会与最佳水平的"展会后跟进销售工作"结合时,整体销售生产力和利润更高（Smith et al.,2004）。

（2）其他绩效影响因素。

还有一些其他绩效影响因素,如有研究认为参展商在展览会不同层面的资源分配对于参展绩效有重要影响（Li et al.,2011）,参展商应该根据潜在顾客的知识水平来调整资源分配（Li,2007）。Li（2010）认为销售自动化和实时销售线索管理等技术系统可以提高展会成果。此外,计划过程也是影响展览会绩效的重要因素（O'Hara et al.,1993）。Shipley 等（1993）指出如果不给予计划活动足够的重视,将会导致不满意的结果。同时,一些研究者也质疑展览资源变量对绩效影响的一般性结论,鼓励未来应该研究在资源影响绩效过程中的一些因素的调节作用。Dekimpe 等（1997）认为展览会战术变量可能会也可能不会提高绩效,因为不同的展会观众（包括最终用户、分销商、供应商和其他战略联盟合作伙伴）有不同的目标、知识和购买意愿。需要进一步研究展览会观众的特征对展览会决策和绩效之间联系的调节作用,以便参展商能够根据观众的特征调整展览会决策和绩效。

## （四）文献述评

第一,关于展览会功能的研究还缺乏理论基础。虽然目前学者从营销学、会展旅游和经济地理学的角度对展览会的功能做了一些探讨和研究,但展览会涉及众多利益相关者,对不同的利益相关者有不同的功能,已有的基于营销学、会展旅游和经济地理学的研究无法为功能分析提供一个坚实的、广泛的、统一的分析框架,应该从更广泛的经济学、管理学和社会学理论中汲取更普遍、一般的理论,在展览会特殊的情境下进行理论创新。同时,展览会功能研究缺乏一般的理论模型框架来研究展览会功能中不同变量之间的相互关系。

第二,缺乏从展览会本身研究展览会功能的视角。已有与展览会功能相关的研究，包括参展动机、参展决策、参展目标和绩效评估等，大都从消费者的角度（参展商和观众）展开研究的，缺乏从展览会本身研究展览会功能。如前所述，展览会既是一种生产方式也是一种生活方式；在工作时间内参加展览会可以提高工作时间的效率和价值，在休闲时间参加展览会可以提高休闲时间的效率和价值，需要从事业的高度、平台的宽度、时间的维度来更深入地认识和研究展览会的功能。有学者认为展览会组织者（设计、生产和营销）在市场营销领域很少受关注（Rinallo et al.，2017），而功能很大程度上是由展览会组织者通过产品设计、组织管理而实现的，因此应该加强从展览会组织者角度对展览会功能的研究。

第三，展览会的功能是针对参展商和观众两个方面的，不可偏颇。从文献综述可以看出，目前关于展览会功能的相关研究主要是从参展商的角度进行，对观众的研究相对较少，且主要集中于对专业观众的研究。其原因可能是多方面的，比如参展商和专业观众都是企业（组织），相较于个人来说，企业（组织）一般有成本控制和绩效评价等管理措施，因此会对参展行为做深入研究。又如，最初关于展览会功能研究的重点是从参展商（产业营销者）到观众（产业采购者）单方面的交流，近期更多的研究开始认为展览会是企业之间互相学习的活动（Bettis-Outland et al.，2010；Bettis-Outland et al.，2012；Borghini et al.，2006；Li，2006；Rinallo et al.，2010）。从这个角度上看，观众行为通常不是分析的重点（Bello，1992；Bello and Lohtia，1993；Blythe，2002；Godar and O'Connor，2001；Hansen，1996；Rinallo et al.，2010）。但展览会功能研究需要从参展商和观众两个方面入手，既要研究专业观众，也要研究普通观众，才能全面理解展览会的功能。

第四，绩效评估（参展商和观众）是展览会功能的体现，但绩效研究仍处于初级阶段，还存在很多问题。首先，过去对展览会功能和绩效衡量的认识相对简单，现在更多的观点则认为企业可以通过参展达到更具有现实意义的多维度的目标。这种进步产生了各种相互独立的评估方法用以对展览绩效以及影响结果的因素进行评估。然而，值得注意的是，这些研究虽然给出了一系列绩效衡量指标，但不能给绩效一个明确的概念。结果导致研究模型是在观察或衡量层面上建立起立的，而不是在理论层面上建立起来的，使得理论和观察之间的对应关系没有建立起来。也就是说，展览文献缺乏对展览绩效的综合理解，同时也缺乏科学性的标准。其次，关于参展绩效影响因素的研究还是零散的，没有形成统一的结论。需要注意的是，很多研究都表明参展工作是一个系统工程，企业要想获得良好的参展绩效，要对参展绩效进行评估（运用多种评估标准对企业展中和展后的绩效进行评估），还要围绕着参展过程开展一系列管理工作，展前准备、展中工作以及展后工作都会对参展绩效产生重要的影响。因此，一个有用的评估模型应该包括参展绩效的评估（参展绩效变量体系）和对会展工作的评估（参展工作变量体系）。最后，现有模型为研究影响因素和参展绩效之间关系提供了理论和方法，但关于相关因素影响参展绩效的机理以及特定影响因素和特定绩效目标之间的具体关系还不是特别清楚。建立模型比较困难的主要原因还在于绩效概念的模糊和影响因素过于复杂。

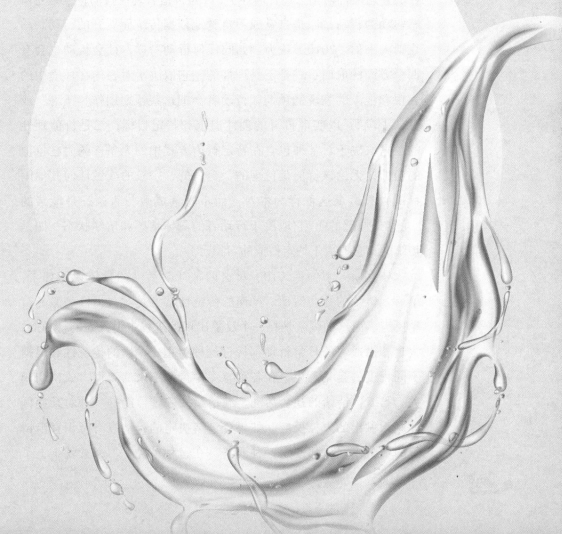

第三章

# 基于理性视角的展览会功能研究

# 一、功能研究的理性基础

## （一）社会学角度的理性

理性是社会学家、经济学家研究人类社会组织和个人的出发点。马克斯·韦伯在分析人的社会行动时，按照支配社会行动的主导性因素或力量，将人的社会行动区分为四种理想类型：一是目的合理性行动（工具合理性）；二是价值合理性行动；三是受情感驱动的行动；四是自觉或不自觉地依据传统而展开的行动。马克斯·韦伯（2010）认为，如同任何行动一样，社会行动也会有四个方面的取向：一是工具理性的，它取决于对客体在环境中的表现和他人的表现的预期，行动者会把这些预期用作"条件"或者"手段"，以实现自身的理性追求和特定目标；二是价值理性的，它取决于对某种包含在特定行为方式中的无条件的内在价值的信仰，无论该价值是伦理的、美学的、宗教的或做任何其他阐释的，只追求这种行为本身，而不管其成败与否；三是情绪的（尤其是情感的），它取决于行动者的具体情感和情绪状态；四是传统的，它取决于约定俗成的习惯。

马克斯·韦伯（2010）对这四种社会活动的具体说明如下：第一，传统的社会活动。严谨的传统性常常是对习惯性刺激的自动反应，而这种刺激是在一个反复出现的进程中引入人的行为的。大量相沿成习的日常行动都接近这种类型。严谨的传统性和根据不同程度的自觉意识、在各种感觉中持续下来的习惯方式密切相关。第二，情绪的社会活动。纯情绪的表现可能是一种对某些例外刺激做出的失控反应。如果受情绪决定的行动以有意识宣泄情感的形式出现，那便是一种升华。在这种情况下，通常就走上了理性化之途。价值理性的行动取向不同于情绪类型，因为它对于作用于行动的终极价值有着清晰自觉的阐述，并将这些价值观念一以贯之地体现在具体的行动进程中。同时，这两种类型（价值理性的与情绪的）有一个共同的要素：行动的意义并不着重于未来要获得什么成就，而是自觉地实现一种特殊行动类型。如果是处于即时的报复、即时的感官愉悦、即时的献身、即时的默祷或者即时的排遣情感张力之需要，这样的行动就是情绪化行动（不管它升华到什么水准）。第三，价值理性的社会活动。纯粹价值理性的取向，其范例就是不计代价地去实践由义务、荣誉、美、宗教召唤、个人忠诚或者无论什么"事业"的重要性所要求的信念。价值理性的行动涉及一些"命令"或"要求"，它们在行动者看来都是必须执行的。只有在人的行动动机就是为了完成这些无条件的要求时，它才能被称为价值理性。第四，工具理性的社会活动。如果完全理性地考虑并权衡目的、手段和附带后果，这样的行动就是工具理性的。这就涉及理性地考虑达到一个目的所要选择的手段，该目的与附带后果的关系，以及最后各种可供选择的目的的相对重要性。因此，由情感或传统决定的行动就完全不属于这种类型。在可供选择和相互冲突的目的和后果之间进行选择，只有抱着价值理性的态度才能做出决定，在这种情况下，只有考虑到手段的选择，行动才是工具理性的。另外，行动者可能不是根据对某个价值系统的理性取向在可供选择与相互冲突的目的之间做出决定，而只是把这些目的当作特定的主观愿望，并按照经过自觉权衡的轻重的顺序——即按照"边际效用"原则去满足他的目的。因此，价值理性和工具理性的行动就可能存在各种不同的关系。然而，从工具理性的观点来看，价值理性总是无理性的。的确，越是把据以采取行动的价值观念提高到绝对价值的地位，与此相应的行动就越是"无理性的"。这是因为，行动者越是无条件地为这种价值观念献身，去追求纯粹的情操或美、追求至善或者为义务而献身，他就越不会考虑自身行动的后果。

可见，马克斯·韦伯认为，只有前两种类型的社会行动，即工具合理性行动与价值合理性行动才是理性的社会行动，后两种行动只是根据情感、情绪或传统惯性而采取的非理性行动。韦伯明确地将人类的理性行动分为工具合理性行动与价值合理性行动，将理性分为工具理性和价值理性。行动"理性化"过程的最重要的方面之一就是深思熟虑地根据自身利益适应局面，而不是不假思索地接受古老习俗（马克斯·韦伯，2010）。

### （二）经济学角度的理性

经济学家也非常重视和崇尚理性，经济学的基本假设之一就是完全理性假设。西方经济学研究的起点是资源的稀缺性，即相对于人的需求，人类可以使用的物品和资源，包括自然资源、人力资源和人工制造的生产设备等都是稀缺的，而人的欲望是无限的。因此，人类必须在有限的资源条件下将资源有效地运用于满足人类最重要的目标上。也就是说，人们要在资源稀缺的条件下对各种有待满足的目标进行选择，以便使稀缺资源得到有效率的利用。探索和回答如何在稀缺条件下实现资源的有效配置和利用就成为西方经济学的根本任务。

完全理性假设指西方经济学假定人们在各类经济活动中都具有完全理性，人们凭借完全理性进行经济选择和决策。也就是说，人们在追求利益的过程中，会想方设法搜集和利用各种有用的信息，分析各种备选方案。基于这些信息，人们在做出一项决策时，会深思熟虑地对各种可能的选择进行权衡比较，挑选出最佳方案，以实现最大满足或最大效用。经济学的思维方式假设人们的行为是在比较了收益和成本之后做出的，比如个人消费通过对不同商品的最优选择实现效用最大化，企业生产通过不同生产要素的最优组合实现利润最大化。

完全理性假设强调人类行为的工具性，并有意忽略了一些事实，即很多重要的活动，比如一次热烈的谈话，或者一场友好的网球赛并不是为了达到其他目的而采取的手段（保罗·海恩，2012）。而此处所说的一次热烈的谈话、一场友好的网球赛正是会展研究的范畴。所以单纯地以经济学的理性视角来研究会展的功能可能不太合适，因为该视角更多的是强调工具理性，而会展活动的功能除了能满足参与者基于工具理性的追求，还能满足参与者基于价值理性的追求。

经济学强调工具理性，但也并不否认价值理性。金碚（2018）认为，从本真价值理性的视角看，人类经济活动的根本目的是通过经济活动实现人类的生存、繁荣和传承，而且在此过程中感受尽可能的愉快（幸福感）。保罗·海恩（2012）也认为经济学理论不否认慷慨、公益精神及其他美德的现实性或重要性。"现代经济学之父"亚当·斯密在《国富论》（1776年出版）之前还著有《道德情操论》（1759年出版），专门研究过美德。在《道德情操论》中，亚当·斯密用同情的基本原理来阐释正义、仁慈、克己等一切道德情操产生的根源，说明道德评价的性质、原则以及各种美德的特征，并对各种道德哲学学说进行了介绍和评价，进而揭示出人类社会赖以维系、和谐发展的基础，以及人的行为应遵循的一般道德准则。著名经济学家梁小民曾说过，市场经济应该是一个讲道德的经济。没有诚信、同情心这些最基本的道德观念，市场经济就会引发灾难。可见，经济学并不否认价值理性，一样需要诚信、同情等价值理念。

鉴于此，本书基于社会学家马克斯·韦伯的理性理论研究会展活动和展览会的功能是什么？参与者（个人和组织）为什么要参加会展活动？会展活动在新技术不断发展、新冠疫情持续期间面临了什么样的挑战，又会发生什么样的变化，变化是否会一直存在下去？在这样的背景下，会展活动的多方利益主体应该如何应对？

# 二、基于理性视角的会展功能分析

会展活动已成为人类社会重要的工作方式和生活方式，那么组织或个人为何会选择会展活动作为工作方式和生活方式呢？选择是否参加或举办会展活动是组织或个人的社会行动，选择的依据则是会展活动是否可以满足其某种需要，即会展活动是否具备某种功能。组织或个人的社会行动或社会行为是外显的，其内在的基本支配力量是"理性"。研究会展活动的功能和参加会展活动的决策，需要从理性的角度来研究。一般来说，会展活动作为工作方式，其决策主体是组织（即组织中的决策者代表组织做出决策），如决定举办或参加某个会展活动。当然，在具体的工作中，参与者个人也会根据工作内容决定是否采用某种会展活动作为工作方式。此外，会展作为生活方式，其决策主体也是个人。所以，会展活动无论是工作方式还是生活方式，做出是否参与的决策主体都是人，只不过当会展活动作为工作方式时，决策人是根据组织需要来决策的；当会展活动作为生活方式时，决策人是根据个人需要来决策的。那么，这种理性又是如何影响组织和个人选择会展活动的呢？

## （一）工具理性角度下会展具备追求效率的功能

工具理性主要是指通过选择最为有效的手段去达到既定目标，它是内含不同手段的比较、预先算计和精确计算的，它不看重行为本身的伦理、精神价值，而看重所选择的行为能否达到预期的具体目的，也就是工具或方法手段的选择合乎理性，或者说，它具有这样一种质的规定性，即指向具体目的，基于思考、权衡，合乎方法手段最优、效果最好，成本最小、收益最大的原则。从工具理性的角度思考，会展应该具备追求效率的功能。以展览会为例，参展商选择这种通过人、物、信息等各种资源的聚集而实现最有效率的交流和交易的方式，是工具理性的体现。企业在比较展览会与其他不同的营销手段（如广告、路演）之后，如果认为展览会在获取订单、发展新客户、维护老客户等方面更具效率，就会选择参加展览会，而且会选择参加效果最好、收益最大的展览会。再比如，组织内部举行的各种工作会议也是因为会议在布置任务、传达信息、沟通交流方面是最有效率的工作方式，也是工具理性下组织追求效率的体现。

从参与者[①]的角度来看，一般在工作时间参加的会展活动都具备在工具理性下追求效率的功能，也就是说决策者会先基于自身目的对各种不同的手段进行权衡而后决策是否组织或参加会展活动。比如，参加展览会可以使参展商以更低的成本结识新客户；召开工作会议可以更高效率地布置工作任务、沟通交流；举办培训会议可以更低的成本实现对员工的培养等。因此，会展活动具备工具理性视角下追求效率目标的功能。

基于工具理性的选择，当下最有效率的手段在未来新技术不断发展、新事物（产品）不断出现的背景下很可能就会变成低效率手段，就会在工具理性下被抛弃。可见，单纯地只具备工具理性下满足参与者追求效率功能的事物（产品）一定会被更有效率的事物、产品所取代，除非这种事物（产品）能够在新技术不断发展、新事物层出不穷的背景下一直保持着实现某种目的的最高效率。这个取代的过程可能是非常迅速的，比如手机对传呼机的取代，也可能是非常漫长的。因此，一件事物（产品）要想一直长期存在下去，就不能只具备工具理性视角下的追求效率的功能，还需要具备其他方面的功能。

## （二）价值理性角度下会展具备追求价值的功能

马克斯·韦伯认为，与工具合理性相对应的是价值合理性，

---

① 此处的参与者指个人。虽然展览的主要参与者往往是参展商（企业），但企业参加展览会也是以个人为参展代表或工作人员的。

是指通过有意识地对一个特定的举止的（伦理的、美学的、宗教的或做任何其他阐释的）无条件的固有价值的纯粹信仰，不管是否取得成就。用价值理性理解会展功能，会发现很多会展活动的功能就是在价值理性下追求某种固有价值，如参观艺术品展览会或现场观看音乐会等，都是源于一种对美学的追求。比如，中国的传统节日春节是一家团圆的日子，大部分远离父母、家乡的人们，无论离家多远，都希望在春节返回家乡，探望父母和亲戚，和亲人朋友相聚过节，这是中国传统春节最重要的象征意义，在中国人心中具有无条件的固有价值和纯粹信仰。再如，个人值得纪念的重要时刻（如毕业典礼、生日、结婚纪念日等）都希望能够以一种特殊的仪式来庆祝。

从参与者的角度来看，一般在休闲时间参加的会展活动大都是在价值理性的角度下以追求某种价值为主要目标。比如，以传统的方式度过传统佳节，是价值理性驱动下以追求文化传统为目标的；参加一些宗教活动是以追求宗教信仰为目标的；参加一些人生重要时刻的庆祝活动是以追求幸福感为目标的等。从理论上讲，这些会展活动的参与者不以追求某种效率（成本、收益等）为目标，而是在价值理性下追求所认定的价值目标。因此，可以说会展活动也具备价值理性视角下追求价值目标的功能。

如前所述，价值理性的行动涉及一些"命令"或"要求"，在行动者看来，这些都是必须执行的。只要这些"命令"或"要求"还继续存在，那么这些具备满足参与者在价值理性下追求价值的活动就一定会持续存在下去。所以，在满足价值理性下追求某种价值（命令、要求等）的事物是可以一直存在的，虽然所追求的价值本身（命令、要求等）可能会发生变化。因此比较容易理解的是，节日、庆典、宗教活动、聚会活动、体育比赛、娱乐演出等类型的会展活动会因为人类的存在和对某种价值的追求一直存在下去。

## （三）会展兼具追求效率和价值相统一的功能

工具理性和价值理性是对立的，工具理性下追求效率，价值理性下追求价值，有时为了合乎工具理性可能要牺牲（部分）价值理性，有时为了合乎价值理性可能要牺牲（部分）工具理性。但工具理性和价值理性也是可以统一的，比如在一定的价值理性的前提下追求工具理性。从理论上讲，某件事物（产品）追求效率的功能总有一天会被更有效率的方式取代（虽然现在不知道是什么方式），但事物（产品）追求价值的功能永远不会被取代（虽然所追求的价值本身可能会发生变化）。因此，一个事物（产品）一直存在的条件就是它必须满足以下三个条件之一：第一，在工具理性下一直是最有效率的；第二，在价值理性下具备追求价值功能的；第三，兼具追求效率和价值功能的。从理论上讲，在工具理性下一直是最有效率的事物（产品）不可能存在，人类社会的发展和进步淘汰了很多的事物（产品），但事物（产品）可以积极利用新技术而使其尽可能长期地保持其效率水平，这也是很多事物（产品）不断追求创新和迭代的动力。但本质上，事物（产品）能长期一直存在更重要的是其在价值理性下具备追求某种价值的功能，或者是兼具追求效率和价值功能的。那么，会展活动的功能如何呢？

首先，从会展整体来看，会展活动既具备追求效率的功能，也具备追求价值的功能。会展活动包含会议、展览、节庆、演出、比赛等多种活动类型，每一种活动类型有不同的特点、功能和属性，之所以可以用"会展"来统称这些不同类型的活动，是因为这些活动都具有"平台"的本质特征。如前所述，会议、节庆、演出、比赛等活动天然具备满足参与者在价值理性下追求价值的功能，是可以伴随着人类社会长期存在的。比如，会议具有非常广泛的内涵，既具备工具理性下追求效率的功能，如节省信息传递成本，也具备价值理性下追求价值的功能，如三五个好友一次开心的聚会。展览会也包括多种类型，如艺术类展览会、教育类展览会、展示建设成就的展览会，因其具备某种价值功能而有长期存在的必要性，同时展览会为参展商、观众提供交流、交易的平台，也具备工具理性下追求效率的功能。因此，"会展"这个术语在整体上因为包括会议、节庆、演出、比赛等活动有一直存在的必要性，可以兼具追求效率和价值功能。从历史上看，这些活动伴随着人类社会的发展也有较长的历史，而且一直保持着旺盛的生命力。甚至可以说，只要有人类存在，会议、展览会、节庆、演出、比赛等会展活动就有一直存在的必要性。

其次，从会展中每一类活动类型来看，每一类会展活动经常会包含许多其他类型活动，如世界博览会中会有各种会议、展览、演出等活动，也就是我们常说的"会中常有展、展中常有会"。会展活动中的各种细分活动类型是很难严格区分的，这也是把这些有共同特点的"人造事件"统称为"会展"的主要原因。每一类具体的会展活动因为在实践中包含很多其他类型的会展活动，也具备价值理性下满足追求价值的功能或者兼具追求效率和价值的功能，因而具有长期存在的必要性。

如前所述，无论是从整体上还是从个体上，我们都可以得出结论，即会展活动有长期存在的必要性，因为其具备价值理性下追求价值的功能或者说在工具理性和价值理性统一下兼具追求效率和价值的功能。会展活动长期存在的必要性是会展产业发展的必要前提，也是会展产业界各方利益主体最为关心的问题。但还需要重点分析的是，展览会中最重要的主体——贸易展览会的功能。根据国内外统计报告，90%以上的展览会都是以促进贸易为主要目的的贸易展览会，那么这些以促进贸易为主要目标的展览会的功能又应该如何理解呢？贸易展览会的效率功能很容易理解，那么贸易展览会是否具备价值功能呢？贸易展览会是否会一直存在呢？

# 三、贸易展览会的效率和价值功能分析

## （一）为什么以贸易展览会为例

贸易展览会一直被视为重要的贸易促进平台。每一种会展活动类型有不同的特点、功能和属性，之所以选择展览会中的贸易展览会为例进一步深入探讨会展的效率和价值功能，主要是因为以下几点：

第一，新冠疫情期间使人们对贸易展览会存在的必要性产生了疑问，有必要从理论上研究贸易展览会的核心功能。贸易展览会通常以促进贸易为主要目的，但在新冠疫情期间大量贸易展览会纷纷停办或转移到线上举办的背景下，国际贸易却逆势增长。21世纪初淘宝、京东等电商平台的陆续出现，对国内、国际贸易有重要的促进作用。以广交会为例，广交会成交额占全国进出口总额的比例在进入2000年以来已经下降到10%以下，进入2010年以来更是下降到2%以下。与此形成鲜明对比的是，中国跨境电子商务近年来则保持蓬勃发展态势，通过海关跨境电商管理平台的进出口总额从2015年的360.2亿元增长到2019年的1862.1亿元，年均增速达50.8%。①根据《中国电子商务报告2020》，2020年中国跨境电商进出口总额达1.69万亿元，同比增长31.1%。其中，出口商品总额达1.12万亿元，同比增长40.1%；进口商品总额达0.57万亿元，同比增长16.5%。刘大可（2021）指出，虽然跨境电商进出口额占全年货物进出口总额的比重依旧不高（大约为5%），但从其增长速度看，未来发展不容小觑。刘大可（2021）也提出需要反思的问题：展览会的核心价值和优势是什么？如果

① 数据来源于前瞻产业研究院。

展览会的核心价值已经被其他商业物种替代，该如何重新规划展览业的未来？此外，新冠疫情期间使人们更加认识到很多其他会展活动的重要性（如日常聚会、节庆活动、体育比赛、演出等），处于社交隔离状态的人们迫切希望生活回归常态，能够自由地参加聚会、节庆、演出和比赛等活动，似乎更让人们体会到了会议、节庆、演出、比赛等会展活动满足参与者在价值理性下追求价值目标的功能，更让人们感受到了这些活动的不可或缺。与之形成鲜明对比的是，以促进贸易为主要功能的展览会在传染病暴发期间纷纷停办却对国际贸易并没有什么影响。那么，贸易展览会是否还有存在的必要性呢？可见，贸易展览会是否还有存在的必要性的问题是目前最需要讨论的重要问题。

第二，以贸易展览会为例能够更好地说明会展活动将伴随着人类社会生产和生活一直存在。相较于其他类型的会展活动（如会议、节庆、赛事、演出等）和其他类型的展览活动（如艺术展、文物展、教育展等），贸易展览会的效率功能更加突出，价值功能却鲜有挖掘。一般来说，比较容易理解会议活动、节庆活动、体育比赛、演出活动和一些特殊的展览活动的价值功能，人们参加这些活动通常是在价值理性下的选择，说明这些活动具备价值理性角度下追求价值的功能，也就有了一直存在的基础；而对于贸易展览会的认识则更多的是基于效率功能（如销售、营销、结识新客户等）的角度。如前所述，理论上只具备效率功能的事物最终必将被更有效率的工具所取代（虽然现在并不知道什么是更有效率的），只有具备追求价值的功能或兼具追求效率和价值的功能才能持续存在下去。如果能从理论和实践角度说明贸易展览会兼具效率和价值功能，也就可以说明贸易展览会和整体的会展活动将伴随着人类社会一直存在。

第三，贸易展览会对会展产业发展至关重要。贸易展览会是会展活动中市场化程度最高的部分，一定规模以上的展览会基本上都是由专业的会展企业来主办或承办，并在会展场馆举办。根据《中国展览经济发展报告（2019）》，2019年中国经贸类展览共计3547个，占全部展览数量的91%，是各地区展览经济的重要组成部分，对拉动地方经济贡献最大。此外，很多城市都在投资建设大型会展中心以进一步推动会展产业发展，在不远的将来我国将有约40个大型会展场馆，比2018年整个欧洲的大型会展场馆的数量（38个）[①] 还多。如果贸易展览会将被更有效率的其他事物（产品）取代，那么这些已建、新建、待建的会展场馆都将面临着严重的空置问题。贸易展览会是否能持续存在以及未来如何发展，对于组展企业、会展场馆和其他服务供应商以及整个展览产业来说都至关重要。而且在我国，会展产业一直是以展览会为核心发展的。通过对贸易展览会核心功能的研究不仅能回答贸易展览会是否会长期存在的问题，还能回答贸易展览会未来应该如何发展的问题。

## （二）贸易展览会的效率功能

贸易展览会的主要使用者是参展商和观众，观众又可分为专业观众（企业）和普通观众（个人）。由于参展商和专业观众都是以企业为主体，因此贸易展览会的主要使用者是企业和个人两类主体。那么，企业和个人为何会选择展览会？选择是否参加展览会是企业或个人的社会行动，而选择的依据则是展览会是否可以满足某种需要，即展览会是否具备某种功能。从工具理性的角度看，贸易展览会是典型的平台市场，通过把人、物、信息等各种资源聚集在一个平台上而使参展商和观众实现有效率的交流和交易，具备追求效率的核心功能。参展商和观众选择参加展览会是符合工具理性的行动，参展商在比较展览会与其他可替代工具

---

① 数据来源于国际展览业协会的《2018年展览场馆世界地图》。

（如广告、路演等）之后，如果认为展览会在获取订单、开发新客户等方面更具效率（如时间、成本、收益等），就会选择参加展览会；观众在比较展览会和其他的采购渠道之后，如果认为展览会在采购方面更有效率（如时间、成本、收益等），就会选择参加展览会。可见，贸易展览会的核心功能之一是在工具理性下追求效率的功能。

从理论上讲，电商平台和贸易展览会都可以为中小型企业提供有效的交易平台，具有理论上的可替代性。从实践来看，贸易展览会追求效率的功能（尤其是追求销售效率的功能）正在逐渐被电商平台所取代。虽然目前的证据表明，电商平台对展览会的替代更多地表现在对销售效率（成交额）的替代上，但追求非销售效率（开发新客户等）最终也是为了促成销售目标的实现。参展商和观众选择参加展览会或者通过电商平台来完成销售和采购等销售或非销售目标都是在工具理性下基于效率的比较和权衡而做出的选择，贸易展览会平台和电商平台都具备工具理性下追求效率的功能。在新冠疫情期间对实体展览会产生重创的背景下国际贸易却逆势增长，部分原因是电商平台在一定程度上取代了实体展览会的效率功能。

前面文献综述部分已说明，有很多文献从参展商角度研究贸易展览会效率，包括销售效率（Bello and Lohtia, 1993；Gopalakrishna and Lilien, 1995）和非销售效率（Blythe, 1996；Kerin and Cron，1987；Hansen，2004），也有研究从观众角度评估展览会的效率（Tafesse and Korneliussen, 2012；Gottlieb et al., 2014）。可见，已有研究比较关注贸易展览会追求效率的功能。

## （三）贸易展览会的价值功能

贸易展览会是否具备追求效率功能之外的其他功能呢？从价值理性的角度思考，贸易展览会也具备追求价值的功能。从贸易展览会的本质和在实践中所起的作用来看，这种价值功能可能就在于贸易展览会具备"引领未来生产方式和生活方式"的价值。从生产方式的角度来看，贸易展览会不仅是成熟的产品（服务）展示平台，更重要的是代表和引领产业未来发展方向的新思想、新理念、新技术、新工艺、新产品、新服务、新品牌、新标准展示和发布的场所。例如，国际消费类电子产品展览会（International Consumer Electronics Show, CES）每年推出超过 20000 种新产品 。参展商和专业观众投入大量的成本（时间和金钱）参加展览会，不仅是为了更有效率地获得已有产品的销售线索、开发新客户等，更重要的是为了紧跟产业发展潮流、看清产业未来的发展方向。从生活方式角度来看，展览会通常是展示引领未来生活方式新理念、新潮流、新风尚、新产品、新技术的场所。从历史的角度来看，层出不穷的新事物推动着人类社会的生产和生活不断向前发展和进步，求新是企业和个人永无止境的追求，而展览会则具备展示"新"的价值功能。相较而言，电商平台上出售的大多是成熟的商品，几乎看不到商家在全球或全国首发的产品，而首发产品在展览会上却是司空见惯。此外，电子商务平台上出售的主要是产品或服务，而不会有思想、理念、工艺、技术、风尚等，无论是买家还是卖家都无法在电子商务平台上看到"引领未来生产方式和生活方式"的新思想、新理念、新技术、新工艺、新思潮、新风尚等。可见，只要企业和个人还有在价值理性下"求新"的需求，贸易展览会就会因其具备"求新"的价值功能而永远存在，电商平台可以在一定程度上取代贸易展览会的效率功能，但永远无法取代贸易展览会"求新"的价值功能。

展览会"引领未来生产方式和生活方式"的价值功能可能是缓慢发生的，这种引领有时甚至是不明确的，如展览会上所展示的新产品有时是刚刚出现的，还没有被市场和大众所认可；展示的新技术和新工艺可能是不成熟的，还没有投入生产中转化为生产力；展示的新的生活方式和消费方式虽然非常美好，但受限于客观条件（如收入水平等）还不能普及。不是每一次参展都能满足参展商和观众"求新"的需求，参展商和观众无法在工具理性下通过权衡、计算、比较来确定展览会展示的"新"是否有价值，只是基于价值理性认为展览会具备展示"新"的价值而选择参展。可见，展览会展示"新"的价值是在价值理性下追求价值的功能。

展览会"引领未来生产和生活方式的价值"功能的实现需要把参展商和观众聚集在一个平台上，不仅要注重参展商和观众的互动和资源匹配，更强调参展商之间、观众之间的互动和资源共享。因此，我们经常会看到很多展览会上都配有大量的会议、论坛和各种各样的活动，这些活动不仅为参展商和观众之间提供了更好的交流、交易的平台，同时也为参展商之间、观众之间的交流提供了重要的平台。相较而言，电子商务平台更重视买家和卖家的互动和资源匹配，而买家之间以及卖家之间的互动则非常少或者不需要。

需要说明的是，目前展览会所展示的"新"的信息更多的是由参展商向观众传递，即参展商向观众展示新产品、新技术、新理念、新思潮。可以设想，当工业发展到更高的阶段，这种"新"的信息可能更多的是由观众向参展商传递。当观众（普通观众和专业观众）有新的想法、新的需求，可以在展览会上搜寻具备相应供给能力的参展商。届时，展览会的展示、沟通和交流模式也可能会因此而发生巨大的变化。

目前，关于贸易展览会追求价值的功能研究相对较少，但近年来出现了一些与价值功能相关的研究，如贾岷江等（2019）专门研究了展览的创新功能，Luo 和 Zhong（2016）、林春秋（2020）研究了展览会在知识扩散方面的功能。Sarmento 等（2015a）认为展示新产品和产品创新一直是影响展览会吸引力的重要因素之一。许多参与者坚持参加展览会就是为了寻找新奇的展品。在一些行业，如汽车行业和高新技术产业，创新需求更为明显。事实上，展览会上的创新正以不同的形式出现。目前，创新被认为是一个更广泛的概念，不仅限于新产品的展示。互动和网络维度成为其他创新形式的来源，通过互动和网络，参与者能够共同发现其业务的新方法和新视角。在交易视角下，创新与新产品的展示有关；在关系观点下，创新不仅要解决与产品有关的问题，还要解决与过程等其他方面有关的问题。Bettis-Outland 等（2021）研究了展览会网络如何影响组织学习，他们认为当参展商、参观者和供应商开会讨论最新的技术创新、新的行业趋势和最新的客户要求时，贸易展网络可实现组织学习；通过共享这些新信息，网络成员的行为可能会改变。Luo 和 Zhong（2016）认为参展商关注其他参展商的产品，既要改进自己的产品，也要根据观察到的技术开发新产品。此外，通过参展商、竞争对手和非竞争对手之间的信息交流，可以初步了解技术进步在工业生产中的应用，通过先进技术实现产品的新精度水平及其使用中的缺陷。展览会进一步产生了丰富的信息和知识，成为企业间学习的一个领域（Bathelt and Shuldt，2008，2010）。尽管展览会具有流动性和高度动态的性质，但知识共享是促进客户和供应商学习的核心（Reychav，2009）。通过地理上的接近和面对面的接触，参与者交换有关市场、产品和创新的信息（Bathelt and Shuldt，2008）。展览会上的知识扩散是平面的、连贯的和有效的，但不均衡。战略市场中知识的传播具有优势，具有强大研发能力的企业受到更多关注（Luo and Zhong，2016）。展览会是多个组织的临时聚会，以讨论新的行业趋势、寻找新客户、维持老客户以及调查竞争者信息（Reychav，2009；Blythe，2000；Godar and O'Connor，2001）。Rinallo 等（2017）指出展览会是具有多维关系空间的临时集群，企业可以通过与同行、现有或潜在价值链合作伙伴以及第三方的交互过程进行学习。除了垂直维度外，展览会还提供了独特的竞争全景，特别是在大型国际活动中，贸易展通过展示正在进行的活动以及竞争对手正在开发的新产品，为横向学习创造了机会。这种反馈为产业生产和创新制定了基准，并成为企业决策过程的重要来源。这些活动也为技术团体提供了一个重要机制，以更新他们有关组织领域的知识，并讨论技术和市场变革。

### （四）贸易展览会兼具效率和价值功能

如前所述，贸易展览会兼具工具理性下追求效率和价值理性下追求价值的双重功能。虽然贸易展览会追求效率的功能终有一天会被更有效率的工具所取代，但贸易展览会追求价值的功能永远不会被取代，因此，贸易展览会因其具有"求新"的价值功能将伴随着人类社会的生产和生活一直存在。从展览产业外部来看，贸易展览会的效率功能正在部分地被电子商务平台所取代，这是展览产业外的产品替代。但电子商务平台无法取代贸易展览会的价值功能，也无法取代贸易展览会本身。

## 四、展览会核心功能的历史演变

展览会是最古老的市场形式。从世界范围看，展览会的产生和发展过程大致可以分为原始阶段、古代阶段、近代阶段和现代阶段四个阶段。

### （一）原始阶段的展览会核心功能

人类的贸易起源于物物交换，这是一种原始的、偶然的交易，其形式包含了展览会的基本原理，即通过展示来达到交换的目的，这是展览会的原始阶段，也是展览会的原始形式。可见，原始阶段的展览会的主要功能是为了促进交易，而且主要是小范围的交易。

## （二）古代阶段的展览会核心功能

随着社会和经济的发展，剩余产品的种类和数量急剧增加，交换的次数也随之增多，交换的规模不断扩大，商品交换的形式逐渐发展成为固定时间和固定地点进行的集市贸易。集市产生、发展的时期可以称为展览的古代阶段。世界上公认的最早的国际集会交易会是公元 629 年在法国巴黎近郊的圣丹尼斯举办的交易会。由于当时交通不便利，社会商品也不丰富，人们只能在一定的地区内，自发地将剩余的物品拿到集市，进行最原始的商品陈列与交换。从历史的角度来看，欧洲是世界展览业的发源地，具有十分悠久的历史。欧洲的展览会是从中世纪的"周市"发展而来的。周市是指每周办一次的集市贸易，如古罗马的鱼市、米市、油市等，都是专门以买卖双方的交易活动作为办展的宗旨。因此，欧洲的展览会一直具有很强的贸易性。15 世纪，莱比锡和许多欧洲国家的城市都相继成为著名的世界展览会大城市。古代阶段展览会的主要功能还是为了促进贸易，但古代阶段展览会促进贸易的范围比原始阶段要大。

## （三）近代阶段的展览会核心功能

15 世纪末和 16 世纪初，由于地理大发现的进展，世界各大洲的经济及文化交流很快发展并密切起来，形成了连接大西洋、太平洋、印度洋的国际市场，展览会也逐渐跨地区、跨国界，国际展览业得以形成。随着贸易活动的频繁和经济的全球化发展，展览会逐渐扩展到其他地区，如北美。展览会的近代阶段为 17~19 世纪。18 世纪末，在工业革命的推动下，欧洲出现了工业展览会。工业展览会有着工业社会的特征，这种新形式的展览会不仅有着严密的组织体系，而且将展览会的规模从地方扩大到国家，并最终扩大到世界。18 世纪末至 19 世纪初的工业革命使英国成为当时的"世界工厂"，为了显示自己的强大，1851 年英国在伦敦首次

📝 学习笔记

举办了"万国工业博览会",亦即第一届世界博览会,标志着展览会从旧的贸易集市向标准的国际展览会与博览会过渡。在此阶段,展览会除了具备促进贸易的功能,还成为很多国家和企业展示自身实力的舞台。

## （四）现代阶段的展览会核心功能

现代阶段始于 19 世纪末期。1894 年德国莱比锡举办了第一届国际工业样品博览会。这届博览会不仅规模空前,吸引了来自各地的大批展览者和观众,更重要的是配合资本主义生产方式和市场扩张的需要,对展览方式和宣传手段等进行了改革和创新,如按国别和专业划分展台,便于商人看样订货。以展示为手段、以交易为目的的方式引起了展览界的重视,欧洲各地的展览会纷纷效仿,因而这次博览会被认为是现代贸易展览会的最初形式,现代展览业从此走上规范化和市场化的轨道。19 世纪末至第一次世界大战前,展览会与博览会成为发达国家争夺世界市场的场所。为适应市场的变化,扩大对外贸易,展览会与博览会改变过去单纯的商品展示方式,采取样品展示、邀请专业贸易人士前来参展、进行期货贸易的方式。第二次世界大战结束后,一批因战争而停办的展览会和博览会重整旗鼓,为世界经济复苏注入了勃勃生机,当时世界著名的"米兰博览会""莱比锡博览会""巴黎博览会"被誉为连接各国贸易的三大桥梁。另外,展览会与博览会为科技成果在国际生产领域的应用和传播起到了不可低估的作用。在新产品、新技术层出不穷的今天,许多有利于生产发展的产品与技术都是通过展览的宣传和介绍而被社会所接受的。20 世纪 90 年代以来,以信息技术为核心的新一轮科学技术革命使世界市场的时空距离大大缩短,为全球贸易的开展提供了最为便捷的手段。可见,现代阶段的展览会核心功能除了促进贸易、展示参展企业和机构的形象,还可以促进创新。

## （五）总结

从展览会的整体发展历史可以看出，展览会的核心功能也发生了历史演变：在展览会的原始阶段和古代阶段，展览会的核心功能主要是促进交易和贸易；在展览会的近代阶段，展览会的核心功能主要是促进贸易和展览、展示国家和参展企业的形象；在展览会的现代阶段，展览会的核心功能除了促进贸易和展示形象，还能够促进创新。这些功能彼此之间有着千丝万缕的联系，如展示企业形象对促进贸易也有帮助，促进创新也有利于贸易促进等，不能把这些功能完全割裂开来分析。另外，每个功能还有更加详细的划分，展览会还有维系老客户、开发新客户等非销售的功能，但这些非销售的功能最终也是为了促进销售功能的实现，但在此没有详细地分析展览会维系客户的功能。同时，在促进贸易、展示形象、促进创新的过程中也促进了各种信息、知识的交流。

前文在理性视角下构建了展览会效率功能和价值功能的分析框架，并基于工具理性和价值理性统一的视角认为展览会兼具效率功能和价值功能。从展览会整体历史来看，展览会已经从原始阶段和古代阶段以促进贸易（国内的和国际的）为主要功能的单一效率功能逐渐演进为现代阶段的以促进贸易、展示形象、促进创新等为主要功能的兼具追求效率和价值的复合功能。

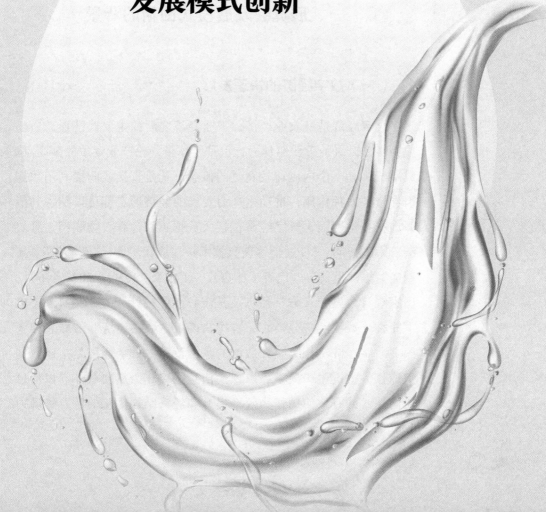

第四章

# 基于功能研究的展览会发展模式创新

在工具理性和价值理性视角下，展览会兼具追求效率和价值的功能，那么这种功能在展览会的现实发展中是如何实现的呢？本章主要论证在新的发展背景下，展览会面临着新的机遇和挑战，展览会如何进行发展模式创新以实现其最优的价值功能和效率功能的匹配。

# 一、展览会发展模式创新的背景

## （一）数字经济的快速发展

数字经济是继农业经济、工业经济之后的主要经济形态，已成为转型升级的重要驱动力，也是全球新一轮产业竞争的制高点。数字经济是一个内涵比较宽泛的概念，凡是直接或间接利用数据引导资源发挥作用，推动生产力发展的经济形态都可以纳入其范畴。在技术层面，数字经济包括大数据、云计算、物联网、区块链、人工智能、5G 通信等新兴技术；在应用层面，"新零售""新制造"等都是其典型代表（杜睿云、王宝义，2020）。2021 年 6 月，国家统计局发布《数字经济及其核心产业统计分类（2021）》（以下简称《数字经济分类》），首次明确了"数字经济"的概念和我国"数字经济"相关统计数据的基本范围：数字经济是指以数据资源作为关键生产要素、以现代信息网络作为重要载体、以信息通信技术的有效使用作为效率提升和经济结构优化的重要推动力的一系列经济活动。《数字经济分类》从"数字产业化"和"产业数字化"两个方面，确定了数字经济的基本范围，将其分为五个大类：数字产品制造业、数字产品服务业、数字技术应用业、数字要素驱动业、数字化效率提升业。数字经济发展速度快、辐射范围广、影响程度深，正推动生产方式、生活方式和治理方式深刻变革，成为重组全球要素资源、重塑全球经济结构、改变全球竞争格局的关键力量。

我国高度重视数字经济的发展，特别是党的十八大以来，做大做强数字经济、通过数字技术拓展我国经济发展新空间成为国家战略。目前，我国已经成为世界数字经济大国，数字经济规模连续多年位列世界第二，具备强大的数字经济竞争力。《中国互联网发展报告（2021）》显示，2020 年中国数字经济市场规模已达 39.2 万亿元。2021 年 8 月，中国信息通信研究院发布的《全球数字经济白皮书》显示，2020 年全球 47 个国家数字经济规模总量达到 32.6 万亿美元，同比名义增长 3.0%，占 GDP 比重为43.7%。中国数字经济规模为 5.4 万亿美元，位居世界第二；同比增长 9.6%，位居世界第一。2022 年 1 月，国务院印发的《"十四五"数字经济发展规划》提出，到 2025 年我国数字经济核心产业增加值占 GDP 比重达到 10%。

随着数字经济的发展壮大，数字产业化和产业数字化加速演进，对经济社会的渗透和影响也日渐深入和全面。与数字产业化相比，产业数字化的发展态势更引人注目。2020 年，我国产业数字化规模达 31.7 万亿元，占数字经济的比重为 80.9%，占 GDP 比重为 31.2%，这从侧面反映出数字技术赋能产业发展的能力在不断增强。展览产业也面临着数字化的机遇和挑战，势必要适应数字经济的发展而出现新的发展模式。

## （二）新冠疫情期间展览会从传统的线下转移到线上

2019 年底，一场突如其来的新冠疫情对以聚集性为主要特点的展览会产生了重大影响，2020 年以来世界范围内的展览会和其他会展活动纷纷停办、延期举办或转移到线上举办。线上展览会的快速发展是贸易展览会应对新冠疫情的"权宜之计"还是新形势下贸易展览会的必然选择？线上展览会是在 2020 年新冠疫情期间快速发展起来的，这可能会让人认为线上展览会是新冠疫情背景下贸易展览会发展的"权宜之计"，是不得已而为之的举措。但事实上，早在 2018 年阿里巴巴集团、蚂蚁金服集团就与上海市政府签署战略合作协议，为首届进博览会服务。从具体合作内容来看，阿里巴巴积极参与首届进博览会的各项筹备工作，不但支持全球品牌的招商招展、完成商业配套以及数字平台的搭建工作，还协助实现进博览会"6+365 天"常态化展示和销售，打造"永不落幕"的进博览会。另外，在 2019 年底新冠疫情发生前腾讯云旗下的腾讯会议产品就已经上线，现已发展成为重要的线上会议平台。可见，新冠疫情发生之前展览会就已经谋求同技术企业的合作以实现自身的数字化改革，同时技术企业也在谋求进入会展市场。

另外，此前中国在 2003 年也暴发过非典型肺炎（SARS）疫情（以下简称"非典"疫情），之后也在理论和实践界产生过"网络展会是否会取代实体展会？网络展会和实体展会孰优孰劣？"的争论。"非典"疫情后一直到新冠疫情发生之前的近 20 年的时间恰好是中国展览产业迅猛发展的一段时期，这种迅猛发展表现在很多城市纷纷建设大型会展中心、大力发展会展产业，使我国成为世界展览大国。这一时期的展览会主要是在会展场馆举办的线下展览会，而网络展会并没有发展起来。可见，"非典"疫情没有催生线上展览会的发展，疫情并不是线上展览会发展的根本原因。因此，线上会展活动的快速发展是数字经济发展的必然结果，即使没有新冠疫情发生，线上展览会和会展活动也会发展起来，新冠疫情只是加速这一进程的助推器。

根据 2021 年国际展览业协会（UFI）发布的《UFI 全球展览行业晴雨表》，全球 58% 的行业受访者在现有的展览产品中增加了数字服务和产品（如应用程式、数字广告牌和数字看板），这一点在亚太地区尤为明显（67%）。UFI 和 Explori 发布的《2021 年全球复苏洞察报告》显示，大约一半的受访者表示已参加过某种形式的线上活动，其中 2/3 的参展商曾在第三方举办的线上活动上发言或自己举办过线上活动；52% 的受访者认为线上活动的内容与线下现场活动所能提供的内容和质量差不多，甚至更好。中国会展经济研究会统计工作委员会发布的《2021 年度中国展览数据统计报告》显示，据不完全统计，2021 年全国举办线上展会 714 场，较 2020 年增加了 86 场，增幅达 13.69%。与线下展会同期举办的线上展会达到 623 场，较 2020 年增加了 114 场，增幅达 22.97%，占线上展会总数的 87.25%。2021 年线下、线上同期举办展览各主办城市地区分布，其中上海、广州、深圳举办线上展数量位列前三，分别举办 126 场、90 场、51 场，各自占线下线上同期举办展览总数的 20.22%、14.45%、8.19%。

那么，既然线上展览会是数字经济下展览会的必然选择，那么很多实体展览会停办或转移到线上举办，是否说明线上展览会正在取代线下展览会？线上展览会和实体展览会作为展览内的相关产品，是替代关系还是互补关系？未来贸易展览会是应该以实体展览会为主，还是以线上展览会为主，还是以线上、线下融合的展览会为主？对于以上问题的回答，需要弄清楚到底什么是线上展览会，以及线上、线下展览会之间的区别和联系。尤其是从功能的角度来看，不同类型的贸易展览会（线上的或线下的）的效率功能和价值功能是否有所区别或侧重。

# 二、线上展览会和线下展览会辨析

## （一）线上展览会和线下展览会的相同点

线上展览会和线下展览会并没有专门的概念，线上展览会和线下展览会都是展览会，是根据展览会的举办空间（线上、线下）而划分。线上展览会是主要在线上（网络）举办的展览会，而线下展览会则主要在实体会展场馆举办的展览会，也就是传统意义上的展览会。无论是线上展览会还是线下展览会，都应该具备展览会的基本要素，如参展商、观众、组织机构、展品、展台等，都应该能够为参展商和观众之间、参展商之间、观众之间以及其他利益相关者之间提供相互交易、交流的机会，都应该能够满足参展商和观众在工具理性和价值理性下对效率和价值的追求。因此，从理论上讲，线上展览会和线下展览会在策划、营销、组展、招展、招商等经营管理方面既有共性，也有各自的特性。

## （二）线上展览会和线下展览会的优点与缺点

由于举办空间和形式不同，线上、线下两种类型的展览会有各自的优点和缺点。线上展览会需要技术服务提供商提供强大的技术支持，确保展览会所有在线活动能够顺利举行，其优势在于：第一，效率更高。线上展览会突破了时间、空间的限制，可以使更多的参展商和观众更方便地参展，可以真正打造"永不落幕的展览会"。同时，线上展览会可以使参展商、观众更快地匹配，观众可以更快速地找到想要了解的展品。第二，参展成本降低。线上展览会不需要搭建实体展台，因此相较而言展位费也会比实体展位费便宜，这都会使参展商的参展成本大幅降低。当然，观众参展的成本也会大幅降低，甚至不需要任何成本。第三，节约观众参展时间和体力。观众可以通过网页浏览的方式快速参观展品，而不用在大型会展场馆的各个展台之间游走，可以节约参展时间和体力。而传统线下展览会的优势在于参展商之间、观众之间、参展商和观众之间可以面对面地交流，可以通过语言、动作、表情、语气等进行交流，体验更好，交流效果也更好。甚至可以在场馆外进行进一步的交流，比如对客户进行一对一拜访。

需要说明的是，数字技术在线下展览会上的使用并不是真正意义的线上展览会，只是线下实体展览会的数字化，不能将其与线上数字展览会混为一谈。线下展览会当然可以采用数字技术、互联网技术以提高展览会的效果和管理水平，为参展商和观众提供更好的服务。通过使用数字内容，贸易展组织者可以加强客户关系管理活动，如吸引新的参展商和观众，在媒体上宣传展会，为行业专业人士提供超越地域和时间限制的网络机会等。通过在网络上提供有关产品和服务的信息，参展商可以在贸易开始前与潜在买家进行沟通，吸引观众参观展台。通过这样做，与会者可以使用网页内容熟悉展示的产品和服务，并战略性地规划他们的参观和网络活动（Li，2010）。网络内容和展会之间以信息为导向的活动融合可以实现 B2B 合作伙伴组织之间的连通性、竞争力和协作。Geigenmüller（2010）研究了虚拟展会中信息技术的使用情况，作为面对面活动的替代方案，数字技术与实体展会的潜在整合仍然是一个有趣且有待研究的问题。

# 三、线上、线下融合是未来贸易展览会的主要形式

## （一）线上、线下融合使展览会最大限度兼具效率功能和价值功能

一个展览会可以完全是线上的，也可以完全是线下的，还可以是线上、线下融合的。新冠疫情暴发前主要以线下展览会为主体，这也是我国各个地方在发展展览和会展产业时纷纷建设大型会展场馆的主要原因。既然线上展览会是数字经济发展的必然结果，那么未来展览会是以线下实体展览会为主，还是以线上展览会为主，还是以线上、线下融合的展览会为主呢？这个问题的答案取决于哪种方式能够使展览会的效率功能和价值功能更好地实现。从理论上讲，任何类型（线上和线下）的贸易展览会，都应该兼具追求效率和价值的功能。单纯追求效率功能的贸易展览会（无论是线上还是线下的）都将会被更有效率的工具取代。组展商需要策划兼具追求效率和价值功能的展览会。那么，哪一种类型的展览会是最有效地兼具追求效率和价值功能的展览会呢？

在线或"虚拟展览"的概念代表了物理产品演示的一种经济高效的替代方案，可以跨越地理障碍和时区（Geigenmüller，2010）。从效率功能来看，相较于线下展览会，线上展览会因不受时间、空间的限制而具有天然的效率优势（销售效率和非销售效率）。当然，线上展览会也存在一些劣势（如体验方面），但随着技术的发展，线上展览会的体验水平将进一步提高，在综合考虑时间、空间、成本等因素的前提下，线上展览会将在很大程度上取代线下展览会追求效率的功能。从价值功能来看，线下展览会更适合追求价值功能。展览会上展示的引领生产方式和生活方

式的各种新产品、新技术、新服务不是成熟且被广泛接受的产品，很多新思想、新理念可能只存在于人的头脑中，很多新技术、新工艺可能非常复杂且难以理解，需要参展商和观众、参展商之间以及观众之间面对面的交流和全方位的体验和感受才能对"新"的内容有更好的理解。相较于线上展览会，线下展览会面对面的交流能更好地实现价值理性下追求价值的功能。因此，为了更好地实现展览会兼具效率和价值的功能，未来贸易展览会应该是线下、线上融合的发展模式，并以线下展览会为主最大化实现其价值功能、以线上展览会为主最大化实现其效率功能。

## （二）线上、线下融合发展是展览会高质量发展阶段

目前中国经济已由高速增长阶段转向高质量发展阶段，展览业作为整体经济的一部分，也进入了高质量发展阶段。线上、线下融合发展就是展览高质量发展阶段，主要体现在以下几个方面：第一，线上、线下融合可以使展览会更好地兼具效率功能和价值功能。如前所述，线上展览会能更好地发挥效率功能，线下展览会能更好地发挥价值功能，因此，展览会要想最大限度地发挥效率功能和价值功能，就必须采取线上、线下融合的发展模式。第二，线上、线下融合模式可以使展览会这种具有聚集性平台性质的产品能够更好地应对"黑天鹅"事件的挑战。线上、线下融合模式具有充分的灵活性，可以在线上、线下自由地切换，一旦有影响线下展览会的事件发生，线下展览会就可以转移到线上举办，使组展商、消费者最大限度地规避风险和损失。第三，线上、线下融合发展的展览会为消费者提供了更多产品选择，增加了消费效用。未来展览会的消费者（包括参展商和观众）可能有的只参加线下实体展览会，有的只参加线上展览会，有的则同时参加线下和线上的展览会。第四，线上、线下融合发展模式提高了展览会的竞争力。线上展览会的快速发展为组展企业带来了机遇和挑

战，组展企业和服务供应商应该不断增强自身的管理能力和服务水平，以提供更有效率、更有价值、更优质的展览会。

# 四、线上、线下融合发展模式创新

既然线上、线下融合发展模式将是未来展览会的主要发展模式，那么展览会应该如何线上、线下融合发展呢？由于线上、线下展览会同属于一个展览会的不同形式和内容，因此线上、线下展览会在很多方面都可以融合共生，如功能融合、产品融合、技术融合、市场融合、财务融合、管理服务融合等。

## （一）功能融合

前面已充分论证，未来展览会应该兼具效率功能和价值功能。无论是线上展览会还是线下展览会，在功能设计上都应该兼具效率功能和价值功能。

从效率功能来看，组展商应该尽可能做到以下几个方面：第一，吸引尽可能多的参展商和观众。展览会作为一种平台产品，具备典型的网络外部性，参展商和观众的参展绩效取决于参展商的数量和观众的数量。展览会应充分利用各种营销手段，吸引足够多的参展商和观众来参展，为参展商和观众提供交流、交易的平台，发挥展览会集聚各种信息、资源的平台作用，提高参展商和观众的参展效率。第二，尽可能吸引优质的参展商和观众。参展商和观众的参展绩效不仅取决于参展商和观众的数量，还取决于参展商和观众的质量。展览会应尽可能吸引更多高质量的优质参展商，如行业内的知名品牌企业、大型企业；尽可能吸引高质量的优质观众，如大型采购商、企业内高层采购决策人员、高收入群体等。第三，展览会应在不同阶段实现参展商和观众的高效匹配。在展前，展览会（线上和线下）可以利用大数据、互联网等线上技术为参展商和观众精准匹配，使参展商和观众在展前就能够相互对接，为进一步交流、交易做准备；在展中，展览会（线上和线下）应该能够提供各种活动、空间便于参展商和观众之间、参展商之间以及观众之间交流、交易；在展后，还要继续利用各种互联网、大数据等线上技术为参展商和观众进一步的交流、交易提供技术支持。这样，展览会才能发挥信息集聚的平台功能，使参展商和观众以更低的成本、更少的时间、更高的效率获得信息、维护老客户、开发新客户等。

从价值功能来看，展览会集聚了代表未来产业发展方向和生活方式发展方向的各种"新"的东西，这是展览会之所以存在的根本原因。展览会应该尽可能做到以下几个方面：第一，吸引更多的"新"展品参展。展览会应该鼓励参展商更多地展示新产品、新服务、新技术、新方案等，应该吸引更多的产业内的高新技术企业，能够使观众（专业观众和普通观众）看到更多的"新"的展示。第二，提供更多的交流机会。"新"的东西有时可以产品或服务的形式展示出来，有时是以信息的形式相互交流，有时可能只是存在于头脑中的想法，需要在相互交流、思想碰撞中产生"新"的东西，甚至是通过某种氛围、环境或各种互动产生。因此，线上或线下展览会都应该提供尽可能多的交流机会（如各种论坛、活动等），使参展商与观众之间、参展商之间、观众之间的交流和互动更加便利，获得更好的体验，使展览会成为各种"新"的聚集地，并推动各种"新"的产生。第三，组展商应该更加注重产品策划工作和相应的研究工作。组展商应该借助各种力量，深入研究会展产业的未来发展趋势以及生活方式的变化趋势，也要研究目前产业和市场内的最新动态，把研究成果和展览会产品策划工作结合起来，使展览会能够尽可能地展示产业热点、未来发展趋势和生活方式的变化趋势等，从而更好地实现展览会的价值功能。

虽然线上、线下展览会都应该兼具效率功能和价值功能，但线上、线下展览会在效率功能和价值功能方面的优势不同。对于参展商和观众来说，线上展览会能够突破时间和空间的限制以成本更低、效率更高的方式实现展示产品、结交客户、买卖匹配，可以最大限度地实现展览会的效率功能。虽然线下展览会也是各种信息、资源的集聚地，相较于其他的营销手段已经是高效率的营销方式，同时依托线上技术的支持也可以实现展前信息匹配、展后技术支持增强其效率功能，但考虑时间、财务等各项成本因素后，线下展览会的效率功能还是无法与线上展览会相比。而线下展览会能够提供面对面的交流，能够在实体的"场域"里更好地去了解展览会上所展示的"新"的东西，可以最大限度地实现展览会的价值功能。虽然线上展览会也可以利用各种技术，如直播、虚拟现实 / 增强现实技术等尽可能提供比较好的交流方式，但还是无法完全达到线下展览会面对面交流的效果。面对面的交流不仅可以通过语言，还可以通过手势、表情、眼神，甚至整个氛围、环境实现全方位的交流，这是线上交流无法取代的（至少目前是）。因此，目前来看，线上、线下展览会融合发展的模式应该为线上展览会最大限度地实现展览会的效率功能、线下展览会最大限度地实现展览会的价值功能。

展览会的价值功能与产品更新换代的速度、产业技术更迭的速度、时代和社会发展变化的速度等很多非常复杂的因素相关，当这些因素变化得比较慢时，展览会的价值功能可能并不明显；当这些因素变化得比较快时，展览会的价值功能就越加凸显。当今社会正是科学技术日新月异的社会，如互联网、区块链、大数据、云计算、元宇宙，各种新概念层出不穷；生活方式的变化也是非常快的，如人们的沟通和日常消费习惯已经发生了翻天覆地的变化。越是在这样快速变化的时代，展览会展示"新"的价值功能就越加凸显，线下展览会的核心价值就越突出。

## （二）产品融合

如前所述，线上展览会能够最大限度地发挥展览会的效率功能，而线下展览会能最大限度地发挥展览会的价值功能，因此未来的展览会应该包括线上展览会和线下展览会两个部分，可以使展览会兼具并最大限度地实现其效率功能和价值功能。功能需要产品来实现，组展商应该更好地策划展览会产品，实现产品融合。

第一，融合发展的展览会的线上和线下部分应该拥有同样的名称、主题和展出范围。组展商应该紧跟产业发展趋势、把握时代发展脉搏，尽量策划符合产业发展趋势和生活方式变化趋势的展览会主题，尽量展示"新"的东西，尽可能好地实现展览会的价值功能。线上展览会和线下展览会的参展商和观众可以是相同的，也可以是不同的，但线上和线下的参展商（机构）应该属于同一产业内的企业，线上和线下的观众也应该都是参展商的目标观众。也就是说，参展商和观众可以选择只参加线上展览会，也可以选择只参加线下展览会，还可以同时参加线上、线下展览会，但无论是何种选择都应该能实现参展的效率功能和价值功能。以2021年第130届广交会为例，线上展约有6万个展位，约2.6万家中外企业线上参展，企业上传约278万件展品。线下展的展览面积为40万平方米，按16大类商品设置51个展区，展位总数19181个、参展企业7795家。可见，参加线上展览会的参展商要远远高于线下展览会，这一方面是因为受新冠疫情影响，很多企业无法参加线下展览会，只能选择线上参展；另一方面是因为线上展览会的参展成本更低、效率更高，使原来很多因距离、预算和时间等各方面的限制而无法参加广交会的参展商，以及受展馆面积和展位数量限制而没有机会参加广交会的参展商可以参加线上广交会。

第二，线上、线下展览会在时间和空间上应该融合。从时间上看，线上展览会和线下展览会的时间可以相同，也可以不同。比如第 130 届广交会于 2021 年 10 月 15 日至 11 月 3 日线上、线下融合举办，展期 20 天，线下展按照惯例分三期举办，每期展览 4 天。线上展览会因为不受时间和空间限制，可以先于线下展览会开始，晚于线下展览会结束，可以突破时间限制打造"永不落幕"的展览会。从空间上看，线上展览会的举办空间是在虚拟的网络上，而线下展览会举办地则是在实体的展览场馆。由于线上展览会没有场馆规模的空间限制，可以无限量地吸引参展商和观众，可以集聚全国甚至世界范围内的参展商和观众。而线下展览会则可以因地制宜，在条件成熟的城市举办。以往展览会一旦落户在某个城市就会一直在这个城市举办，但未来展览会很可能会走向线上展览会和不固定地点的线下展览会或多个线下展览会同时举办的融合发展模式。

第三，展览会的赞助产品和广告产品的融合。线上、线下展览会的赞助商和广告商充分融合，这样可以策划出更加丰富的赞助产品和广告产品。由于线上展览会和线下展览会的参展商可能是相同的，也可能是不同的，可以为赞助商和广告商提供更多的目标客户和曝光率。同时，由于线上和线下展览的空间不同，赞助产品和广告产品的具体形式和效果也会有所不同。赞助商和广告商可以根据自身情况灵活选择线上、线下的赞助产品和广告产品。

第四，展览会附设活动也要尽可能地融合。展览会通常会策划一系列的附设活动，为参展商、观众、赞助商、广告商等利益相关者提供更多、更好的交流机会，如开幕式、欢迎晚宴以及各种论坛、比赛和活动等。线上和线下展览会可以共同举行开幕式和欢迎晚宴活动，可以面向所有线上、线下的参展商、观众和其他利益相关者开放。线上、线下展览会根据其不同的客户群体、不同的展出形式等策划许多其他不同的附设活动，尤其是线下展览会为了最大化其价值功能，会策划很多高质量的会议、论坛。这些其他类型的线上活动可以考虑向线下的参展商和观众全部开放，线下的活动也可以向线上的参展商和观众适度开放。

在展览会产品策划中，线下展览会的产品策划应更注重价值功能的实现，通过展览会产品策划为参展商和观众之间、参展商之间、观众之间的交流和互动提供更多、更好的条件和机会，使参展商和观众有更好的体验。可以着重考虑设计一些高质量的论坛、会议，应该选择理想的会展场馆，使展览会能够更好地实现各种新产品、新技术、新思想的展示，并营造恰当的氛围和环境使展览会能够通过各种互动实现"新"的创造。线上展览会的产品策划应更注重效率功能的实现，主要依托技术服务供应商实现买卖信息最高效率的匹配，如云计算、大数据等；应该创新线上展示形式，如开设直播间并提高直播水平等；应该尽可能地提高参展体验，如利用增强现实技术增强体验感受；应尽可能地提供线上互动交流的机会。当然，线上展览会的产品设计在最大化效率功能的同时，也应该具备价值功能；而线下展览会的产品设计在最大化价值功能的同时，也应该具备效率功能。

## （三）技术融合

线上展览会需要强大的技术支撑，主办方应该能够在线上平台满足参展商和观众的参展需求。首先要实现"云展示"，即线上展览会应该能够通过手机端、PC端来实现"云展示"，并且支持中英双语或多种语言，为全球参展商和观众服务。其次要能实现"云对接"，即通过大数据分析、智能算法的推荐，包括预约撮合，实现"云对接"。再次要能实现"云洽谈"，即通过直播、视频，实现参展商和观众的"云洽谈"。最后要能实现"云交易"，线上展览会需要技术企业提供一揽子技术服务支持，需要主办方具有强大的资金实力，能够支付线上平台建设的先期巨额投资，同时也要求技术服务方具备较强的技术实力和管理水平，未来技术服务商将会成为主办方的战略合作伙伴，而不是简单的服务提供商。

从目前来看，主动拥抱数字技术，推动线上展览会发展，尝试线上、线下融合办展模式的大多是国内知名的政府主办型展览会，如广交会、进博会、服贸会等，小型展览会的主办方很难承担较大额度的线上平台的成本；而谋求与大型展览会合作的整体技术服务供应商也都是国内实力较强的技术服务企业，如腾讯与广交会的合作、阿里巴巴与进博会的合作、京东与服贸会的合作等。

同时，线下展览会的举办也需要互联网、大数据等数字技术的支撑。在展前，线下实体展可以在展前通过数字技术线上预热、引流，实现参展商和观众的匹配，使其在参展前能够在线上快速了解产品、达成进一步的交流意向；在展中，参展商和观众在线下可以通过面对面的交流、各项活动的参与实现深度互通、互动，还可以在线上不断拓宽交流、交易的边界；在展后，可以在线上持续为参展商和观众的后续交流、交易服务。线上展览会和线下展览会的线上部分可以共用一个线上平台以实现技术上的融合。

相较而言，线上展览会的技术平台就是展览会产品本身，而线下展览会的线上部分只是线下展览会的有益补充，因此相较于线下展览会的线上部分所要求的技术，线上展览会对技术的要求更高。展览会整体的技术服务供应商可以实现线上、线下展览会技术上的融合，同时为线上展览会和线下展览会提供技术服务。欧美国家非常重视会展主办方、承办方技术方面的交流，比如，英国伦敦每年举办国际会议及活动行业展会（International Confex）以展示运用于会展活动的最新技术和服务；美国的全球商务旅行协会（Global Business Travel Association，GBTA）年会暨展览会中的很多展品都是服务于会展活动的技术和设备；国际展览与项目协会（International Association of Exhibitions and Events，IAEE）年会同期举办的展览也展出大量与会展相关的技术、设备和服务。2020年第一届中国会展活动新技术新设备新服务展览会（简称"三新展"）举办，是目前国内唯一一个以会展活动新技术新设备新服务为主题的会展融合性活动，集合了阿里巴巴、腾讯、华为、京东等多家会展科技企业。2020 年 5 月，上海市国际贸易促进委员会与阿里巴巴双方共同建设云上会展有限企业，用数字化方式促进全球贸易，打造覆盖全行业的云上会展第一平台。阿里巴巴可以充分发挥其在人工智能、云计算、大数据等领域的核心技术优势，针对会展行业的特性，提供系统的解决方案。例如，阿里云通过行业领先的三维建模和混合现实（MR）、增强现实（AR）等技术，为境内外参展企业创造如临其境的展示与交易体验，并专门打造"看展机器人"，真正实现"一展通全球"。此外，阿里巴巴商业操作系统将为云展平台提供全域智能营销、大数据运营等一系列企业服务支持，利用算法促进供需双方精准对接，保障交易安全。阿里巴巴中国零售市场的 8.24 亿移动月活跃用户也将为参展行业带来更大的潜力市场。再以京东云会展产品为例，京东云会展的功能主要包括：展厅装修（支持 3D 展厅展板嵌入图片、文字、GIF、文字等内容）、热点标注（支持图片、视频、文字、音频、模型、场景导览等热点标注）、导览设置（支持展厅逛展导览、逛展点位、开场动画、展厅发布等设置）、多终端逛展（支持 PC/ 移动端 720 度逛展，支持商业化平台、小程序等嵌入）、内容管理能力（提供管理后台，支持对 VR 展厅内容进行管理）。

腾讯云会展·易会产品功能服务于满足论坛场景、直播场景、路演场景需求的信息化平台建设，涵盖会前、会中、会后，可服务于海内外办会需求用户（图 4-1）。相较其他互联网企业的产品，华为在企业通信市场的积累成为华为云会议鲜明的特色。在音频、视频方面，华为云有着近 30 年的音频、视频技术积累，1000 多项音频、视频领域专利技术，积累了业界领先的音频、视频媒体处理技术。在软硬件协同方面，华为的会议硬件终端在中国市场连续七年第一，华为消费者终端如华为云会议宝、华为智慧屏、平板电脑等也拥有数亿用户，其内置集成华为云会议，可为用户

📝学习笔记

提供一套"端＋系统"的混合办公模式。

| 产品整体架构 | | | |
|---|---|---|---|
| 应用 | 📱 H5 | Ⓢ 小程序 | 🖥 Web |

应用功能

| 会议信息 | | 峰会直播 | | 峰会资讯 | | 会议指南 | |
|---|---|---|---|---|---|---|---|
| 会议信息 | 论坛展示 | 直播大厅 | | 资讯动态 | 资讯频道 | 大会介绍 | 演讲嘉宾 |
| 会议日程 | 精彩瞬间 | 启动仪式 | | 内容详情 | 演讲嘉宾 | 资料下载 | 服务专区 |
| 主题论坛 | 预约回放 | 同传翻译 | | 数据统计 | | 往届大会 | 赞助展示 |
| 论坛介绍 | 二维码分享 | 满意度调查 | | 数据看板 | 实时数据 | 组织架构 | 合作伙伴 |
| 预约注册 | 注册报名 | 活动预约 | | | | | |

| 管理后台 | 💬 论坛管理 | 📡 资讯管理 | 👤 嘉宾管理 | 🖼 观众管理 | ⚙ 系统管理 |
|---|---|---|---|---|---|
| 云资源支持 | ☁ 网络安全 | ☁ 云直播 | ☁ 云服务器 | ☁ 云存储 | ☁ 云计算 |

图 4-1 腾讯云会展·易会产品功能架构

除了阿里巴巴、腾讯、京东、华为这样的大会展科技企业之外，在数字经济背景下，一些新兴的会展科技服务企业也快速发展起来，这些企业的发展都为展览会线上、线下发展模式的技术融合提供了可靠的技术保障。

## （四）市场融合

线上展览会的快速发展以及线上、线下融合发展的展览会模式可以快速拓宽展览会的市场边界。参展商选择参加展览会是有成本的，参展商需要购买展位、搭建展台、运输展品，展台工作人员的吃、住、行、工资等也是重要的开支。一般来说，企业参展都需要做财务预算，参展商需要做决策是否参展，如果参展应该选择哪个展览会。观众参展也一样需要负担相应的吃、住、行等方面的成本。除了财务成本，参展还有时间成本。无论是参展商还是观众，时间成本都是决策时需要考虑的重要因素，有些展览会可能会因为时间原因而无法参展。而线上展览会的发展以及线上、线下融合发展模式则可以极大地节省参展商展台搭建、展品运输的费用，以及展台工作人员的吃、住、行等方面的费用，观众也可以节省大量的时间。因此，很多原来没有时间或没有预算支持的展览会，现在都可以在线上参加。线上展览会以及线上、线下融合发展模式可以快速地扩张展览会的市场边界，可以快速培养出来大量的参展商和观众的客户群体。由于线上展览会不受空间限制，可以无限制地吸引参展商和观众，不会出现规模是否合适的问题。虽然参展商和观众都希望所参加的展览会能够尽可能多地吸引参展商和观众，但线下展览会受展馆规模与配套资源的制约，在规模达到一定程度时可能会出现各种问题。未来，线上、线下融合发展的展览会的线下部分可能就不会再像以前那样重视追求规模，而是要关注线下展览会价值功能的发挥。

线上展览会可以为线下展览会培养客户。目前线上展览会的参展企业通常可以免费参展，如广交会的线上平台鼓励参展商免费参展，以促进贸易出口。如果参展企业通过线上的免费参展或者以较低的费用参展并取得较好的参展效果，那么这个参展企业很有可能会再次参加线上展览并在未来选择参加线下实体展览。也就是说，线上展览会通过迅速扩大参展商和观众的市场范围，为线下实体展览会培养长期的市场和客户。应该加强线上展览会参展效果对参展商参加线下展览会的影响机制研究。另外，线下展览会的客户也可能会因为各种现实条件的变化而无法去参加线下展览会，转变成线上参展商。因此，线上、线下展览会的参展商和观众都可以灵活地相互转化、融合发展。

市场融合必然会导致营销战略的融合。虽然线上、线下展览会的参展商和观众不同，但属于同一个产业和市场，所以线上、线下展览会的营销工作是可以融合在一起的。由于线上展览会突破了时空限制，可以吸引很多以前想参加却受限于各种条件无法参加展览会的参展商和观众，因此营销对象可以在地理范围上迅速扩大，可以把原来潜在的参展商和观众转变成现实的参展商和观众，把以前的区域性的展览会变成全国性的甚至是国际性的展览会。组展商在产品策略、价格制定、渠道选择、促销方式、营销内容等各方面的营销战略都应该充分考虑线上、线下融合模式的展览会的市场边界的变化、参展商和观众的特点以及参展商和观众在线上、线下可能的转化。比如，如何在营销中突出线上展览会的效率功能和线下展览会的价值功能，从而吸引不同的目标客户群体？对于同时参加线上、线下展览的潜在参展商，应该提供什么样的价格优惠政策以鼓励参展商全方位地参展？线上展览会和线下展览会展出形式和技术要求有非常大的不同，对于倾向于参加线上展览的参展商，应该提供什么样的营销内容和促销手段来吸引潜在参展商参展？对于由于各种原因而出现的线上、线下参展商和观众相互转化的情况，应该提供什么样的便利条件？这些都是组展商在制定营销战略时应该认真考虑的问题。当然，市场融合不仅仅是针对参展商和观众而言的，赞助商和广告商的市场和营销也应该是融合的。

## （五）财务融合

线上、线下融合发展的展览会在财务预算、收入、支出等财务方面要融合发展。线上、线下融合发展的展览会的收入和支出应该包括线上、线下展览会两部分，每个部分的收入都应该包括展位收入、门票收入、赞助收入、广告收入等；每个部分的支出应该包括市场营销、展馆租赁、展台搭建、展览评估、线上平台等各项支出。

从收入来看，线上、线下展览会都应该以展位收入作为其收入的主要来源。参展商和观众具有不同的需求弹性，组展商面对参展商和观众会制定不同的价格策略：一般情况下，组展商向参展商收取展位费；观众可能是免费参加展览会，也可能是付费参加展览会，还有些观众以特邀买家的身份参加展览会。因此，整体来看，展览会的收入来源以展位销售收入为主。从展览会的发展阶段来看，不同的发展阶段线上、线下收入来源的比例有所不同。在融合模式的起步阶段，鉴于参展商、组展商和整个产业对线上模式的接受程度以及线上展览会的发展水平较低，展览会以线下展位收入为主要收入来源，如 2021 年第 130 届广交会就鼓励参展企业免费参加线上展览。但从长期来看，如果线上展览会能够通过优质的产品策划、优秀的管理服务水平以及强大的线上技术支持平台使参展商可以通过线上平台完成既定的参展目标，未来线上展览会的展位收入也应该能够成为组展商重要的收入来源。线上展览会的单位展位价格可能远低于线下展览会，但由于线上展览会可以吸引大量的参展商参展，因此线上展览会的展位收入应该有巨大的增长空间。实践中，已有城市出台一些财政补贴措施，鼓励企业参加线上展会项目。例如，2021 年深圳市中小企业服务局发布《深圳市民营及中小企业扶持计划操作规程（征求意见稿）》，鼓励支持深圳市民营及中小企业为开拓国内外市场参加国内重点经贸科技类线上、线下展会项目（不含以市政府名义组团的展会），对参展项目实际发生的展位费给予一定比例资助。根据当年度项目资金预算规模和申请情况确定年度资助比例，年度资助比例最高 50%，线下项目的每年每家企业最高资助额不超过 30 万元，线上项目的每年每家企业最高资助额不超过 5 万元。另外，从线上、线下展览会的参展商相互转化的角度看，线上展览会的参展商还可能会成为未来的线下参展商，线下参展商也有可能会因为客观情况变化而成为线上参展商，因此线上展览会和线下展览会的展位销售收入具有密切的关系，不能分开核算，需要组展商制定合适的价格战略以使线上、线下的收入能够融合发展。组展商可以由初期线上免费参展、线下收费参展的模式逐渐过渡到线上、线下都收费参展的模式。

　　从支出来看，展馆租赁费用一直是展览会的最主要的支出。

线上展览会是在线上举办的，不需要向会展中心租赁展馆，因此不存在实体展馆租赁费用，但线上展览会需要技术服务供应商搭建线上虚拟平台，提供虚拟展馆和展位。也就是说，线下的展览空间由会展中心提供，而线上的展览空间由技术服务供应商提供；线下展览组展商需要向会展中心支付展馆租赁费，而线上展览会组展商需要向技术服务供应商支付技术服务费。可以说，技术服务供应商是线上展览会最重要的供应商，整体的展馆设计、参展商的展台设计和搭建以及线下展览会的线上支持等服务均由技术服务供应商提供。组展商向技术服务供应商提供的"一揽子"技术服务支付费用，这是线上展览会最主要的支出，而且可能数额巨大。对于一般的展览会而言，组展商前期需要投入大量的资金去搭建线上平台，需要用线下展览会的收入来支持线上展览会的发展。当然，这在新冠疫情期间线下展览会受到巨大影响的情况下是很难实行的，前期需要一些资金支持，也需要线下展览会主动拥抱数字技术，尽快制定自己的线上展览会的发展战略。

## （六）管理服务融合

除了技术、市场、财务等方面的融合，线上、线下融合发展的展览会在管理服务方面也要实现深度融合。

第一，计划管理融合。计划就是根据展览会策划所选定的项目主题，确定项目所要完成的目标，并制订为实现这些目标的进度计划和预算安排。计划不仅有利于项目团队对目标有更清楚的认识和理解，提高项目管理的运行效率，还可以为项目控制提供依据。线上、线下融合的会展活动要在计划阶段实现融合管理，统一制订各项进度计划、财务计划、人力资源计划等。

第二，供应商管理。展览会管理是一项复杂的系统工程，涉及很多专业性较强的工作，如会展场馆、展品运输、展台搭建、食客安排以及其他各种服务，完全靠组展企业自身的资源是无法完成展览会的全部工作的。供应商是组展商的重要战略资源，是决定展览会管理水平和效果的重要因素。要保证展览会成功举办，就必须选择合适的供应商，提高供应商管理水平，获得优质的服务。线上、线下融合的展览会在供应商的选择、管理、评估等多个方面实现融合。

第三，现场管理和服务融合。所有前期准备工作都要通过现场管理的形式表现出来，现场管理工作是展览会成功举办的重要保证。线上、线下融合的展览会需要在展台搭建和拆卸、展品运输、观众的入场管理、开幕式、现场设备和技术的管理、证件管理、知识产权管理等各个方面实现融合管理。

第四，风险管理融合。展览会运作过程中可能会遇到各种风险，如经济风险、政治风险、安全风险等，需要管理团队制定详细、周密的风险管理预案。线上、线下融合的展览会需要在风险规划、识别、估计、评价、应对和监控等整个风险管理过程中实现融合管理。

第五，评估管理融合。评估是对展览环境、展览工作及展览效果进行系统、深入的评价。展览评估是会展整体运作管理中的一个重要环节，通过评估，可以判断该展览会的效益，存在哪些问题需要加以改进，这对展览会的主办者、参展商及观众都有着重要的意义。展览会评估工作的实际执行是整个展览会管理的最后一个环节，但这一工作贯穿展览会的始终。由于展览会评估需要收集大量相关数据，从展览会启动阶段就应该策划展览会评估工作，为展览会评估做好充分准备。展后需要统计相关数据并整理资料，研究分析已做过的工作，为未来展览推广工作提供数据资料、经验和建议。线上、线下展览会的评估工作在数据收集、实际评估、报告撰写等各方面都要实现融合管理。

# 五、线上、线下融合发展模式对利益相关者的启示

## （一）对组展企业的重要启示

认识到未来的展览会将以线上、线下融合的模式发展对于组展企业来说至关重要。展览会要想具备长期的、较强的竞争力，不仅要具备追求效率的功能，更重要的是要具备追求价值的功能。具备单一效率功能的展览会在未来不会有生存空间，只有具备价值功能或者兼具效率功能和价值功能的展览会才会有旺盛的生命力。组展商应该更加重视产业研究和产品开发，重视展览会的功能设计，重视展示方式和展示技术，制定科学的适应线上、线下展会融合模式的发展战略，如招展、招商、营销、数字化战略等。线上展览会的发展以及线上、线下融合发展模式对组展商形成了重大挑战，传统组展商最核心的资源就是买卖双方的客户资源，而电商巨头和一些技术企业在资源匹配方面具有明显的技术优势，目前这些技术企业还是作为展览会技术服务供应商的角色出现在展览会中，一旦这些企业掌握了展览会最核心的客户资源，那么这些企业就会取代目前的组展商。新形势下，组展商必须主动拥抱数字技术，实施数字化战略。2021年3月，英国励展博览集团在首席技术官（CTO）下新增设"首席数字化产品官"职务，负责集团的数字化产品战略与执行，项目运维主要依托原有比较成熟的数字化运营体系和团队，并推出了自助化在线服务系统，在线提供自助查询和各类功能的指引教程，界面更贴近手机和社交媒体使用习惯，方便客户更加快捷地学会使用平台。励展博览集团的这一举措是在新形势、新挑战下积极的战略调整。

在传统实体展览会网络化之前，网络展览会早已开始向实体迈进，线上电商向线下实体展览会发展具有很大的客源优势。比

如，网货交易会就是由阿里巴巴集团整合旗下核心资源（B2B、淘宝网、支付宝、阿里云、中国雅虎），与针对个人消费的淘宝平台对接，构建商业流通新模式，即由淘宝卖家以"网货"交易形式向企业规模采购商品，帮助参展商开拓网络销售渠道，推广产品品牌，同时，帮助淘宝卖家拓展货源，创造更多就业机会。网货交易会的优势在于：第一，创新型展览会模式，即线上电子商务＋线下展览会，多元化、全方位展示；第二，网络营销，专业网络代理、分销商加盟，迅速拓展销售渠道；第三，品牌拓展，实现外贸与内贸互通，推动产品品牌化，打开中国市场；第四，市场风向，是网货新潮流、新趋势、新产品的发布和交流平台；第五，媒体传播，整合阿里巴巴旗下资源，政府优势及媒体合作，增加企业品牌曝光度。早在 2015 年 12 月 10 日，阿里巴巴 B2B 事业群与世界第二大展览会主办单位博闻企业宣布签署协议，双方将集中各自优势，打通线上、线下展览会模式并做更多创新尝试，最终加速全球中小企业做好跨境业务。目前，贸易展览会面临的一大挑战是如何长期保持买家和卖家的持续交流，单纯的线上贸易缺少贸易双方的当面交流，贸易关系难以进一步深化。通过双方在 B2B 领域各自的影响力，阿里巴巴和博闻的合作可以改变线上和线下贸易的格局。双方联合打造展览会 App，通过阿里巴巴平台多年做买卖家交易匹配的一套底层数据和技术体系，帮助参展商的买卖家实现高效匹配。

2020 年，阿里巴巴加快了线上展览会的布局。2020 年 5 月，阿里巴巴国际站首次举办全球线上展会（以下简称"511 展会"）。展会搭载 3D 逛展、短视频以及电子名片获取等多维交互体验，跨境 B 类直播首次被引入全球性展会。"511 展会"不仅还原线下展会所有场景，而且是一次全面的数字化升级，从交易达成到物流、报关、支付结算、汇兑、退税、金融等所有流程，均可在线上完成，确定性高，简单便捷，不仅帮商家"一键做外贸"，而且数据还将沉淀为商家的信用记录。2020年6月，阿里巴巴国际站举办了阿里巴巴网交会，这是当年全球跨境贸易领域规模最大的线上展会。捕获新订单，是阿里巴巴网交会的核心目标。作为全球最大的B2B跨境电商平台，阿里巴巴国际站连接中国100个特色产业带和1.5亿个海外采购商。在此前511展会的基础上，阿里巴巴网交会的B类直播从1000场增加到6000场，互动率从26%提升至40%。与网交会同步进行的"66跨境贸易服务节"，推出免费或优惠的大量服务产品，涵盖电商出口所有环节，将帮助商家节省履约成本。

可见，组展企业必须要认清线上展览会发展的必然性以及未来展览会以线上、线下融合发展为主的模式，主动拥抱数字经济，主动布局线上展览会，以更好地适应展览会线上、线下融合发展模式的挑战。比如，如何设计更好的活动为参展商和观众之间、参展商之间、观众之间的互动提供更多的机会？如何提供强大的技术支持保证参展商的线上展出效果？如何增加线上互动机会并改善参展商和观众的消费体验？如何保护线上展示的专利？如何实现线上、线下融合发展？如何制定数字化战略？如何发展与技术服务供应商的战略伙伴关系？如何制定展览项目的发展战略和企业发展战略？

新冠疫情暴发以来，很多组展企业已经在线上展会、线上与线下融合展会方面做了一些有益探索。比如，励展博览集团主要依托传统线下展会的买家、展商数据库举办的数字展会，产品开发采用总部提供的各类底层功能模块，如数据库、聊天室功能、检索速配模块等，页面布局、登录界面等前端设计由各展会项目组决定和自行开发。由于集中了开发资源，采用了由集团总部提供的模块化功能组件模式，使得励展博览集团旗下的数字展会在底层数据库结构、数据接口等方面做到了高度统一和平台架构的基本稳定。同时，由于前端界面是由各项目团队独立开发，因此能够很好地适应不同展会在不同市场的个性化展现需求，满足不同市场的客户的使用习惯和行为模式。2021 年德国汉诺威工业博览会线上数字展闭幕后，主办方继续在线上平台开展各类会议、录播活动，一直持续至 2021 年 7 月底，参展商在线展厅持续开放至 2021 年底。作为全球最大的消费技术产业盛会之一，始于 1967 年的 2021 年美国拉斯维加斯消费电子展（International Consumer Electronics Show，CES）首次以线上形式举办。2021 年 3~4 月，香港贸发局首次以"网上加实体"展览模式举办"国际采购汇"，汇聚了超过 1400 名来自 20 个国家及地区的展商，吸引了近 2.3 万名来自 131 个国家及地区的买家参与。为协助中小企业捕捉机遇，香港贸发局积极借助全球 50 个办事处网络及人工智能商贸配对平台"商对易"（Click2Match），共促成超过 7000 场网上商贸配对会议。由中展集团投资建设的"贸促云展"平台在 2021 年与腾讯云进行合作升级，提升了平台的灵活配置扩展能力和系统动态平衡能力。该平台既可以独立举办线上展会，也可与线下展会充分融合，扩大并延伸线下展会的功能作用；平台充分调研各知名互联网企业的相关信息系统，集各家之所长，兼收并蓄，广泛借鉴与吸纳了适用的各项前沿信息科技。"贸促云展"平台充分发挥平台优势，在运营上突出"生态"理念，引领行业合作伙伴融入平台，通过开放平台的能力放大贸促功能作用，支持企业"一平台多主办、一主办多展会、一展会连续办"的新型展览平台运营模式，助力主办方高效率低成本搭建属于自己的数字会展平台，实现生态共建，达到互联共赢。"贸促云展"平台还致力于促进企业与企业间的交流与商贸互动，基于数字做智慧化运营，帮助企业从营销获客、销售转化、交易协同、售后服务再到复购增购，形成完美数字化交易闭环，最终通过"贸促云展"平台为双方企业搭建国际供应链、产业链、价值链服务平台。①

---

①　资料来源：《2021 年度中国展览数据统计报告》。

但总体来看，线上、线下展览会融合还处于初级阶段，组展商对于线上、线下展览会的功能设计和价值实现的认识还需要进一步深入，亟须不断完善相关理论以指导线上、线下展览会的融合发展。

## （二）对展览会服务供应商的重要启示

线上、线下融合发展模式对展览服务供应商认识机遇和挑战具有重要意义。线上展览会主要依托策划、设计、技术服务供应商等，而对其他一些传统的服务供应商没有需求（比如会展场馆、展台搭建、展品运输、餐饮、会展旅游等）。线上展览会的快速发展以及线上、线下融合的发展模式使服务供应商面临着不同的机遇和挑战，并将对服务供应商的产业结构产生重要影响。在新的发展模式下，对策划、设计、技术服务供应商的需求将相对增长，而对会展场馆、展台搭建、展品运输等服务供应商的需求会相对下降。线下展览会一般会指定总的服务供应商，总的服务供应商可以对展览场馆进行基础搭建，为参展商提供标准化的展台和个性化的服务。同样地，线上展览会的参展商可以选择展览会指定的总的技术服务供应商为自己设计和搭建展台，也可以自由选择符合自己要求的技术服务供应商提供线上展示方案，这又会催生一系列相应的技术服务供应商的发展。新冠疫情以来，一些会展服务企业为大量的展览会、参展商、观众提供了技术支持，如上海联展会展服务有限公司作为2021年中国境内线上展览技术服务企业为398场境内展览提供了技术支撑服务，累计服务参展商数量达到83654家（表4-1），是中国境内线上展服务企业技术支撑展览数量最多、服务参展商数量最多的线上展服务企业。

传统的会展服务供应商，如会展场馆、展品运输、展台搭建、会展酒店等服务供应商，不仅需要及时调整自身发展战略，还需要适应数字经济以及线上、线下展览会融合发展模式对其服务质量、

表4-1　2021年线上展技术服务企业情况

| 序号 | 服务单位 | 服务展览数量（场） | 展商数量（家） |
|------|----------|------------------|---------------|
| 1 | 上海联展会展服务有限公司 | 398 | 83654 |
| 2 | 云上会展有限公司 | 16 | 18954 |
| 3 | 华为公司 | 14 | —— |
| 4 | 腾讯云会展 | 7 | 63000 |
| 5 | 京东集团 | 6 | 17500 |
| 6 | 其他公司 | 272 | —— |

资料来源：《2021年度中国展览数据统计报告》。

服务水平提出的新要求。需要特别说明的服务供应商是会展场馆服务供应商，这是因为会展场馆的进入和退出壁垒都相对较高，展览会线上、线下融合发展的新模式对会展场馆会造成更大的影响。近年来，我国会展场馆的建设热潮一直持续，会展场馆投资过热的原因是多方面的，但实体展览会需要大规模人、物集聚的特点是投资大型会展场馆以发展展览产业的重要原因。但如前所述，线上、线下融合的贸易展览会将成为未来展览会的主体，而且对大型会展场馆的需求将相对下降。在展览会线上、线下融合发展的新模式下，会展场馆需要重新思考其自身的市场定位和发展战略。一方面，会展场馆要满足展览会线上、线下融合发展的需要，其依然是线下展览会最重要的服务供应商；另一方面，需要思考在对会展场馆的需求相对下降的情况下会展场馆如何定位和发展。新形势下，线下展览会对会展场馆提出了更多的要求，如场馆的数字化管理水平、场馆的网络配套设施等。在数字经济背景下，会展场馆本身就应该有自己的数字化战略、智慧展馆等技术支持，能够为展览会提供高水平的展馆服务。比如，深圳国际会展中心是全球最大的会展中心，也是全球最大的智慧展馆。

## （三）对城市管理者的重要启示

大力发展会展产业的城市通常非常重视会展产业对城市经济、就业、社会文化、形象等方面的积极影响。但会展项目和会展产业对目的地积极的经济影响能否实现取决于会展项目的功能能否实现，能否吸引参展商、观众等利益相关者到目的地参加活动并产生相应的影响。作为城市管理者不仅要清楚展览会功能和影响之间的区别，还要认识到会展产业线上、线下融合的新模式需要城市管理者与时俱进。以往，大部分城市在发展会展产业时都以建设大型会展场馆为依托，但线上会展的发展以及线上、线下融合发展模式导致会展场馆在会展服务供应商中地位相对下降，使城市管理者认识到发展会展产业不能单纯地依托会展场馆的发展，还应该在其他方面为会展产业发展提供支持。第一，提升会展产业的相关支持产业，如交通、运输、旅游、住宿和餐饮、娱乐等，这些产业可以支持会展产业的发展，相关支持产业的竞争优势和比较优势与会展产业竞争力紧密相连。另外，还应该特别注重数字经济和数字产业的发展，因为会展产业新的发展模式需要数字技术服务供应商的支持。第二，提升城市整体环境。目的地整体环境包括举办地的基础设施、目的地可达性、服务质量、安全性、城市形象等。协会会议策划者重点关注的是会议目的地对会员的吸引力，这与会员对目的地环境因素和社区吸引力的感知和整体评估有紧密关系，如城市整体形象、经济和政治地位、当地居民的态度、干净度、安全等，是会展目的地重要属性。此外，安全性、可达性也是考察会展目的地的重要因素。第三，提升政府和产业管理水平。政府管理包括城市会展产业发展战略、城市会展营销、城市人力资源项目、环境保护立法等。政府管理对会展城市竞争力有直接和间接影响，在营销、规制、展示、策划、监督、维护、协调、发展、提高和会展产业资源组织等方面可以发挥重要作用。会展城市的竞争力可以通过政府支持得到增强，如促进会展产业的政策、会议观光局目的地营销活动、信息收集和分布、会议代表、参展人员签证程序的简化、会展设施的财务／税收支持。会展目的地应该科学制定相关的政策措施以更好恢复和促进展览产业的发展，并适应线上、线下融合发展的新模式。比如，2022年江苏省商务厅出台《关于进一步帮助商务领域市场主体纾困解难的若干措施》，其中提到组织举办"江苏优品·畅行全球"线上展会和对接会，线上国际展会与国内知名电商平台合作，省级商务发展专项资金对江苏参展企业参展费用予以支持；组织举办影视、设计、通信、环保、医药、运输等"苏新服务·智惠全球"线上对接会；通过"云参展""云对接""云洽谈"等模式帮助江苏服务贸易企业打通国际市场供需堵点，促进企业优设计、强创新、畅物流，助推江苏服贸企业拓展国际市场。2022年浙江省政府办公厅印发《关于进一步减负纾困助力中小微企业发展的若干意见》，提到按应展尽展、全力促展原则，研究制定新一批重点展会目录。各地应制定本级目录，配套支持更多本地企业线上、线下参展，支持外贸企业采用线上洽谈、线下代参展等新模式参加境外展会，开拓国际市场。这些措施都积极促进了展览产业的复苏以及展览会的线上、线下融合发展。产业管理包括会展行业协会、产业融入、目的地营销项目资金、产业培训项目、采用绿色会展运作等。会展行业协会在行业管理、政府和企业之间的信息沟通、行业自律、会展项目评估、会展人才培训等方面都发挥着积极而重要的作用。

　　展览会线上、线下融合发展模式为会展城市在吸引展览会方面提供了更多的机会。一般来说，展览会一旦在某个城市落地，就会一直在这个城市举办下去，因此以往城市在发展会展产业时往往会吸引展览会落户。但在展览会线上、线下融合发展的新模式下以及一系列不确定因素的影响下，未来展览会很可能会走向常设的线上展览会与不确定地点的线下展览会融合发展，或者是常设的线上展览会和多个同时举办的线下展览会融合发展的模式。因此，线下展览会很可能会因为受各种突发事件的影响，灵活地改变线下举办地点或增设线下举办地点，这为会展城市提供了新的机会，可以吸引一些已经比较成熟的展览会在该城市举办。

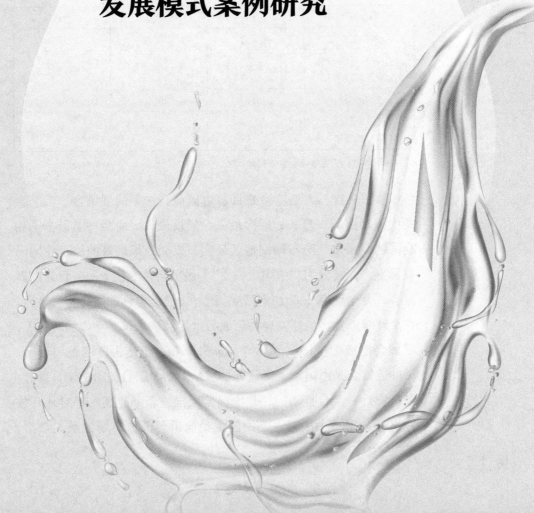

第五章

# 展览会线上、线下融合
# 发展模式案例研究

# 一、案例选取和基本情况

## （一）案例选取

广交会、服贸会与进博会是中国对外开放的三大展会平台。本章选取这三大展会（表5-1）作为研究案例，主要是基于以下几个方面的原因：

表5-1  中国三大展会一览

| 举办城市 | 广州 | 北京 | 上海 |
|---|---|---|---|
| 展会名称 | 广交会 | 服贸会 | 进博会 |
| 办展规模（截至2022年） | 118.5万平方米 | 15.2万平方米 | 36.6万平方米 |
| 始办年份 | 1957 | 2012 | 2018 |
| 已举办届数（截至2022年） | 132 | 9 | 5 |

资料来源：三大展览会官方网站。

第一，这三大展览会是目前中国最高水平的展览会。广交会是中国目前历史最长、层次最高、规模最大、商品种类最全、到会采购商最多且分布国别地区最广、成交效果最好的综合性国际贸易盛会，被誉为"中国第一展"。服贸会是专注于服务贸易的展览会，是全球唯一一个国家级、国际性、综合性的服务贸易平台。在全球服务贸易快速发展并已成为世界经济增长新动力的背景下，服贸会已成为中国服务业"引进来"和"走出去"的重要渠道。举办进博会是由国家主席习近平亲自谋划、亲自提出、亲自部署、亲自设计、亲自推动的，是中国着眼推进新一轮高水平对外开放作出的一项重大决策，是中国主动向世界开放市场的重大举措，是中国推动建设开放型世界经济、支持经济全球化的务实行动。这三大展览会是目前中国最高水平的展览会，是中国对外开放的三大展会平台。

第二，这三大展览会都是贸易类展览会。广交会是为了促进中国产品出口而举办的，其原名是"中国出口商品交易会"，对中国出口贸易有极其重要的促进作用。从历史上看，广交会自 1957 年举办以来，一直到 2006 年长达 50 年 100 届的发展历史中，其成交额占中国出口总额的比例平均高达 21.2%[①]，有的年份甚至达到了 50% 以上，为我国出口贸易和经济发展做出了卓越贡献。自 2007 年 4 月第 101 届起，广交会由"中国出口商品交易会"更名为"中国进出口商品交易会"，继续为中国进出口贸易贡献力量。广交会主要展览展示实物产品，而服贸会是专门展览展示服务产品的；广交会既有出口产品展示，也有进口产品展示，而进博会主要侧重于促进进口贸易。虽然三大展览会各有侧重、特色突出，但都有促进贸易的功能，是典型的贸易展览会。目前，广交会的贸易促进功能正在逐渐减弱，同时面临着电商平台的挑战，外部不确定性加剧。在新的经济发展形势下，以贸易促进为主要功能的广交会其未来的核心功能是什么？广交会应该采取什么举措以应对新的形势和新的挑战？服贸会、进博会举办的历史并不长，它们的功能又是怎样的？这些问题都需要我们根据效率功能和价值功能相统一的分析框架对这三大展览会的功能进行详细分析。

第三，这三大展览会均实现了线上、线下融合发展的模式。新冠疫情暴发后，国内外很多大型展览会纷纷延期举办，甚至直接取消，而这三大展览会都通过线上举办或者线上、线下融合的方式实现了连续性举办，为展览会线上、线下融合发展模式提供了很多的经验和借鉴。

---

① 根据历年广交会成交额和中国出口额计算。

因此，以中国这三大最高水平的贸易展览会为案例，总结其线上、线下融合的发展模式可以为中国展览会未来的发展提供借鉴和参考，也可验证前文构建的效率功能和价值功能相统一的分析框架。

## （二）案例基本情况①

### 1. 广交会

广交会由商务部和广东省人民政府联合主办，中国对外贸易中心承办。广交会创办于1957年，每年分春、秋两季举办，截至2022年广交会已连续举办了66年132届。

1957年创办之初，广交会的成交额只占当年出口总额的5.4%，经过10多年的发展，到1970年广交会成交额已占中国出口总额的40.4%，1972年该比例达到历史最高点54.4%（表5-2）。随着中国经济的发展和出口的增加，尤其是改革开放之后中国出口总额的快速增长，广交会成交额占中国出口额的比例开始逐渐下降，到20世纪80年代初期该比例已经降到20%左右。从20世纪90年代开始，中国进出口贸易进一步快速增长，广交会成交额占出口额比例进一步快速下降，到21世纪初该比例已经降到10%左右，并于2011年广交会成交额占贸易额比例下降到2%左右。

受2019年底暴发的新冠疫情的影响，2020年广交会转移到线上举办，并开启了线上广交会以及线上、线下融合发展模式。2020~2022年共举办6届广交会（表5-3），其中第130届广交会首次实现线上、线下融合办展的模式，其余5次均为线上展览会。虽然遭遇了新冠疫情的挑战，广交会依然通过线上方式以及线上、线下融合办展的方式继续为国内、国际贸易贡献力量。

① 除特殊说明外，此处数据均来自三大展览会的官方网站。

**表 5-2　广交会成交额及占当年贸易额的比重**

| 年份 | 成交额<br>（百万美元） | 贸易额<br>（亿美元） | 比重<br>（%） | 年份 | 成交额<br>（百万美元） | 贸易额<br>（亿美元） | 比重<br>（%） |
|------|------|------|------|------|------|------|------|
| 2019 | 59018 | 45778.9 | 1.3 | 1987 | 8539 | 394.4 | 21.7 |
| 2018 | 59940 | 46224.2 | 1.3 | 1986 | 7330 | 309.4 | 23.7 |
| 2017 | 60180 | 41071.4 | 1.5 | 1985 | 5676 | 273.5 | 20.8 |
| 2016 | 55974 | 36855.6 | 1.5 | 1984 | 5182 | 261.4 | 19.8 |
| 2015 | 55066 | 39530.3 | 1.4 | 1983 | 4486 | 222.3 | 20.2 |
| 2014 | 60211 | 43015.3 | 1.4 | 1982 | 2781 | 223.2 | 12.5 |
| 2013 | 67230 | 41589.9 | 1.6 | 1981 | 4798 | 220.1 | 21.8 |
| 2012 | 68710 | 38671.2 | 1.8 | 1980 | 4408 | 181.2 | 24.3 |
| 2011 | 74760 | 36418.6 | 2.1 | 1979 | 5140 | 136.6 | 37.6 |
| 2010 | — | 29740.0 | — | 1978 | 4332 | 97.5 | 44.4 |
| 2009 | 56700 | 22075.4 | 2.6 | 1977 | 3230 | 75.9 | 42.6 |
| 2008 | 69780 | 25632.6 | 2.7 | 1976 | 2921 | 68.5 | 42.6 |
| 2007 | 73840 | 21761.8 | 3.4 | 1975 | 2667 | 72.6 | 36.7 |
| 2006 | 66280 | 9689.8 | 6.8 | 1974 | 2364 | 69.5 | 34.0 |
| 2005 | 58660 | 7619.5 | 7.7 | 1973 | 2968 | 58.2 | 51.0 |
| 2004 | 51710 | 5933.3 | 8.7 | 1972 | 1872 | 34.4 | 54.4 |
| 2003 | 24910 | 4382.3 | 5.7 | 1971 | 1201 | 26.4 | 45.5 |
| 2002 | 35320 | 3256.0 | 10.8 | 1970 | 912 | 22.6 | 40.4 |
| 2001 | 29141 | 2661.0 | 11.0 | 1969 | 764 | 22.0 | 34.7 |
| 2000 | 28602 | 2492.0 | 11.5 | 1968 | 876 | 21.0 | 41.7 |
| 1999 | 24279 | 1949.3 | 12.5 | 1967 | 824 | 21.4 | 38.5 |
| 1998 | 21215 | 1837.1 | 11.5 | 1966 | 840 | 23.7 | 35.4 |
| 1997 | 20350 | 1827.9 | 11.1 | 1965 | 757 | 22.3 | 33.9 |
| 1996 | 18673 | 1510.5 | 12.4 | 1964 | 522 | 19.2 | 27.2 |
| 1995 | 19412 | 1487.8 | 13.0 | 1963 | 358 | 16.5 | 21.7 |
| 1994 | 21237 | 1210.1 | 17.5 | 1962 | 262 | 14.9 | 17.6 |
| 1993 | 14625 | 917.4 | 15.9 | 1961 | 271 | 14.9 | 18.2 |
| 1992 | 14472 | 849.4 | 17.0 | 1960 | 231 | 18.6 | 12.4 |
| 1991 | 12849 | 718.4 | 17.9 | 1959 | 220 | 22.6 | 9.7 |
| 1990 | 11349 | 620.9 | 18.3 | 1958 | 279 | 19.8 | 14.1 |
| 1989 | 10895 | 525.4 | 20.7 | 1957 | 87 | 16.0 | 5.4 |
| 1988 | 9592 | 475.2 | 20.2 |  |  |  |  |

注：2006 年及之前的贸易额为出口总额，2006 年以后的贸易额是进出口总额。2010 年因缺少秋季成交额，因而没有显示当年总成交额。

资料来源：广交会成交额来源于广交会官网，贸易额数据来源于《中国统计年鉴（2020）》。

表5-3　2020~2022年广交会相关数据一览

| 年份 | 届次 | 参展企业数量（万家） | 线上展品（万件） | 采购商来自国家和地区（个） | 官网访问量（万次） |
|---|---|---|---|---|---|
| 2020 | 第127届 | 2.55 | 180 | 217 | — |
|  | 第128届 | 2.6 | 247 | 226 | 5117 |
| 2021 | 第129届 | 2.6 | 270 | 227 | 3538 |
|  | 第130届 | 2.6 | 287.39 | 228 | 线上3273 线下60 |
| 2022 | 第131届 | 2.55 | 305.21 | 228 | 3390 |
|  | 第132届 | 3.5 | 306 | 213 | — |

资料来源：方向东，张基深.从注重场景直播到深入互动对接：线上广交会的发展历程[J].中国会展，2022（11）：38-43.第132届广交会数据来源于广交会官方网站。

#### 2. 服贸会

服贸会是专门为服务贸易搭建的国家级、国际性、综合性交易会，也是中国服务业对外开放的重要窗口，其前身是中国（北京）国际服务贸易交易会（以下简称"京交会"）。2012年，作为中国转变经济发展方式的方向之一，"推动服务业大发展"被写入"十二五"规划，京交会应运而生。当年，首届京交会即迎"开门红"，成交额达601.1亿美元。此后五届，京交会成交额持续走高，其中2019年第六届京交会成交额高达1050.6亿美元。2019年，"中国（北京）国际服务贸易交易会"更名为"中国国际服务贸易交易会"，2020年简称由"京交会"变更为"服贸会"。目前，服贸会已成长为全球服务贸易领域规模领先的盛会。

服贸会是目前全球唯一涵盖世界贸易组织界定的12大类服务贸易领域的综合性交易平台，自创办以来，专业化、市场化、国际化水平不断提升，已成为我国服务业对外开放合作的金字招牌。服贸会展会面积、参展人数在2018~2019年显著增长，展览面积由2018年的5万平方米增长到2019年的16.5万平方米，参展人数从2018年的10万人次增长到2019年的40万人次。

2020年的服贸会是新冠疫情暴发以来中国举办的首场线上、线下融合的重大国际经贸活动，主题鲜明、内容丰富、成果丰硕。围绕全球服务、互惠共享的主题，服贸会举办了覆盖服务贸易全部 12 大领域的展览展示和 190 场论坛及洽谈活动，组建了 80 家中央企业交易团、16 家中央金融企业交易团及 38 个省区市交易团，共有来自 148 个国家和地区的 2.2 万家企业和机构线上、线下参展参会，包括 33 家国际组织、68 家驻华使馆、110 家境外商协会、199 家"世界 500 强"企业。2021 年服贸会打造了"一会两馆"12.6 万平方米的展览展示，举办了 5 场高峰论坛，200 场论坛会议、推介洽谈和边会，吸引了 7364 家境内外企业线上、线下参展。2022 年服贸会展览展示总面积达 15.2 万平方米，共举办 128 场专题论坛、65 场推介洽谈等活动；线下参展企业 2400 余家，线上参展企业 7800 余家，累计现场入场 25 万余人。面对新冠疫情的挑战，服贸会通过线上、线下融合的办展模式保证了展会的连续性举办。

**3. 进博会**

进博会由商务部和上海人民政府主办、中国国际进口博览局和国家会展中心（上海）承办。进博会按照"越办越好"总要求，展会质量持续提高，战略作用日益凸显，国际影响更加广泛，推动中国与世界市场相通、产业相融、创新相促、规则相联，已经成为新发展格局的示范窗口、高水平开发的推进平台、高质量发展的有效载体、多边主义的重大舞台，国际采购、投资促进、人文交流、开发合作四大平台功能凸显，国际公共产品作用越来越大，赢得了海内外广泛赞誉。

首届进博会于 2018 年举办，2019 年第二届进博会展览面积达到 36 万平方米，来自 181 个国家、地区和国际组织的 3800 多家企业签约参展，其中有 288 家"世界 500 强"企业和行业龙头；超过 50 万名境内外专业采购商到会洽谈采购；交易采购成果丰硕，按一年计，累计意向成交 711.3 亿美元。

新冠疫情暴发后，进博会积极采取线上、线下融合发展的办展模式，保证了进博会的连续举办。2020 年第三届进博会总展览面积近 36 万平方米,"世界 500 强"及行业龙头企业参展面积比上届增加 14%,参展回头率超 70%,展出新产品、新技术和新服务共 411 项,近 40 万名与业观众注册报名,3000 多名境内外记者报名采访,按一年计,累计意向成交达 726.2 亿美元。2021 年第四届进博会展览面积创下新高,达到 36.6 万平方米。企业商业展共有来自 127 个国家和地区的 2900 多家企业参展,展出新产品、新技术和新服务共 422 项;超过 280 家"世界 500 强"及行业龙头企业参展,参展回头率超过 80%;线上国家展参展国家有 58 个、参展国际组织有 3 个;展会吸引 3000 多家中外媒体记者报名采访;现场成交成果丰硕,按一年计,累计意向成交 707.2 亿美元。

# 二、展览会线上、线下融合发展模式

下面关于三大展览会的线上、线下融合发展模式的研究是按照前文功能融合、产品融合、技术融合、市场融合、管理服务融合的分析框架来研究的。财务融合已在前文做了理论上的探讨,由于现实中很难获得三大展览会的财务收支情况,而且目前的线上展览会需要主办者支付巨额费用,如广交会支付 20 亿元人民币建设线上平台,这是中小会展企业所无法承受的;同时,三大展览会都是政府主导型展览会,财务预算具有软约束性质,对其财务融合的分析对其他展览会的借鉴作用比较有限,因此,此处不就财务融合进行分析。

## (一)广交会的线上、线下融合发展模式

### 1. 功能融合

参与广交会可以满足买卖双方面对面交流的需求,通过交流

来提升交易双方的信任度，以提高企业的交易成功率，增加企业影响力。同时，参加广交会可以较好地吸引新客户、发现潜在客户，以及节约交易费用、交易时间等。从广交会的发展历史来看，广交会对中国进出口贸易有重要且积极的促进作用。根据中国经济发展的总体形势和外贸形势的变化，2006 年第 100 届广交会开幕式暨庆祝大会宣布，广交会从第 101 届开始，由"中国出口商品交易会"更名为"中国进出口商品交易会"。这一字之增，折射出广交会的重大战略调整，由只关注中国企业产品出口转变为进口和出口并重。但从广交会成交额占（进）出口额的比例来看，广交会在贸易促进方面的功能并没有提高，而是呈持续下降趋势，到 2019 年该比例已经下降至 2% 左右。可见，广交会的贸易促进功能在不断弱化。

展览会是一种立体的广告，为参展商提供了一个充分展示形象的机会。对于小型企业来说，参加展览会可以帮助企业在短时间内建立客户关系、进入市场，被同行业接受，并逐渐发展成为知名企业。对于大型企业而言，很多大型企业都有自己的营销网络，大型企业参加展览会更多的是为了展示其品牌形象。以中国家电企业为例，珠海格力集团从 2000 年开始不再参加广交会；2002 年春交会上长虹、康佳也选择了缺席；时隔半年，TCL 的退出使这一现象更加突出。就在家电巨头们纷纷"淡出"广交会之际，又出现了另一个不可忽视的现象：这些家电企业缺席广交会的同时，却频繁地参加全球其他地区的专业展览会。针对这一现象，广交会于 2005 年开始设立了"品牌馆"，吸引这些知名家电企业重返广交会的舞台。这些知名家电企业重返广交会不是为了获得订单，而是扩大品牌知名度，进行品牌形象展示。可见，广交会不仅可以促进贸易，还可以帮助企业树立品牌形象。

近年来学者从产业集群的角度来研究展览会，认为展览会是多个组织的临时集聚，以讨论新的行业趋势、寻找新客户、重新联系现有或以前的客户以及调查竞争者信息。参展商关注其他参展商的产品，既要改进既有的产品，也要根据观察到的技术开发新产品。广交会不仅是国际贸易商交流的平台，更是展示新产品、新技术、新服务的舞台。虽然受新冠疫情影响，2020 年第 127 届、128 届广交会线上举办，依然展示了众多新产品。第 128 届广交会参展企业累计上传展品超过 247 万件，比上届增加 35 万件。从企业填报情况看，新产品 73 万件，约占全部参展产品的 1/3，比上届增加 13 万件；智能产品 10 万件，比上届增加 2 万件。2021年第 130 届广交会首次实现线上、线下融合举办，越来越多的中国参展企业依托自主研发，用技术创新做支撑，在广交会上"打品牌""出新品"成为"新常态"。第 130 届广交会约 2.6 万家中外企业线上参展，累计上传展品 287.39 万件，比上届增加 11.36万件。其中，新产品 89.82 万件、智能产品 11.27 万件、自主知识产权产品 24.86 万件，较上届分别增长 5.97 万件、0.2 万件和 0.92万件，向全球采购商充分展示了中国制造、中国创造、中国品牌、中国技术的创新活力。更多的新产品参展可以让参展商和观众都能够及时了解产品、产业的最新动态和未来发展趋势，更有利于创新发展。第 131 届广交会为线上举办，境内外参展企业累计上传展品 305.21 万件，其中新产品 95.15 万件，分别较上届增加17.65 万件和 5.28 万件，均创历史新高。可见，广交会已成为参展商和观众了解各种新产品、新技术、新服务的舞台。

广交会从创办之日起就是中国发展对外贸易的重要渠道和展示中国经济建设成效的重要窗口，是中国外贸人才的摇篮，是培育中小企业快速成长的"肥沃土壤"，更是"中国培育自主品牌的基地"。它集中了中国最优质的外贸企业，向世界展示中国制造的最高水平。目前，广交会的贸易促进功能正在逐渐减弱，广交会已经从以促进贸易为主要功能的单一效率功能转变为促进贸易、展示形象、促进创新等，兼具效率功能和价值功能。

### 2. 产品融合

受新冠疫情影响，2020 年第 127 届广交会首次采用线上举办的方式。由于首次搬上"云"端，第 127 届广交会的参展方式有了重大变化。以往每届广交会分三期举办，而本届广交会的所有展品则于 2020 年 6 月 15~24 日同期上线展示，展期 10 天。第 127 届广交会按 16 大类商品设置 50 个展区，参展企业通过图片、视频、3D 等格式上传展品，多形式、多维度展示品牌形象。此外，为了迎接此次的"云广交"，广交会官网进行全新升级，将网上展示、推介、供采对接、在线洽谈等融为一体，形成一站式全天候网上举办新模式。第 128 届、129 届广交会依然采用线上举办的方式，为线上、线下融合的广交会积累了丰富的线上展览会的经验。

通过第 127 届、128 届、129 届线上广交会的经验积累，第 130 届广交会首次实现线上、线下融合举办，这是常态化疫情防控背景下我国举办的一场重大国际经贸活动。第 130 届广交会充分发挥了线上、线下融合的优势，两个渠道同步畅通，两种场景同步展示，为大型展会双线融合发展提供了广交会方案，开启了广交会双线办展的新模式、新常态、新场景。广交会一方面继续发挥线上展览会不受时空限制、低成本高效率联结全球的优势，进一步优化了洽谈功能，丰富图文、视频、3D、VR、直播等展示形式，吸引更多高质量境外采购商参会，服务外贸企业开拓国际市场，开辟新的订单渠道；另一方面通过恢复举办线下展，助力外贸企业发掘商机，开拓国内、国际市场，更好服务构建新发展格局。从时间来看，第 130 届展览会总展期 20 天，线下展按照惯例分三期举办，每期展览时间 4 天。线下展参展企业 7795 家，2200 多家品牌企业参展，设品牌展位 1.17 万个，占线下展位总数的 61%，优质企业占比与历届广交会相比显著提升；线上展保持原有约 6 万个展位，更新上传展品总量超 300 万件，继续为 2.6 万家企业和全球采购商提供线上贸易合作交流平台。

第 131 届广交会为线上展览会，在平台使用上加强了一系列相关功能，使参展商与采购商之间的互动性更强。例如，增加了客商信息授权功能，授权后参展商可以查看客商信息，互相发送名片，还可以主动向客商发起即时沟通，有效促进了供采双方互动交流。为更好地实现展览会展示"新"的价值功能，第 131 届展览会增设了线上新品首发首展首秀活动并举办线上会议论坛。第 131 届广交会按照先进技术、智能制造、美好生活、低碳环保、贸易服务五大主题，组织 24 个交易团的 147 家优质企业举办了 150 场新品首发首展首秀活动。大批智能、绿色低碳和自主知识产权产品加速涌现，新技术、新工艺、新模式层出不穷，向世界展示了中国制造的最新成果，展示了中国外贸的强大韧性与创新活力。

### 3. 技术融合

从第 127 届广交会开始，腾讯成为广交会技术服务商，全面应用旗下的微信、腾讯云、腾讯会议、企业微信、翻译君、企点等产品和服务能力，为广交会提供展示、对接、洽谈、交易等服务。"云上广交会"并非线下展览的线上"复刻"，在展示方式、业务流程等方面都进行了重构。"云上广交会"不是小型的电商平台，而是大宗商品展示与交易的平台，需要突出"展"的特征，需要支持后续的长期合作需求。广交会拥有良好的线上基础，"永不落幕的广交会"从提出到落地实施，已经有 10 余年的历史，广交会在线平台是全国领先的在线会展平台。

作为具有 60 多年历史的展览会，广交会的线下运作模式已经非常成熟。线上广交会作为新兴事物，其商业模式还不够成熟，仍在不断地完善中。会展业在技术支持方面，除了硬件设施的技术革新，还需要进行软件创新，如通过大数据的应用提供精准服务、分析行业趋势、捕捉动态信息，搭建安全高效的数字化平台，改善传统服务与管理模式。腾讯基于其在云计算、大数据、AI 等多领域的技术积累，对线上平台的技术底座进行了重构，实现了更加快速的应用部署、更加稳定可靠的使用体验、更加灵活的功能配置，应用系统可实现从往届小时级的发布到现在分钟级的发布。针对商务洽谈等需求，腾讯搭建了广交会线上供采双方的沟通平台，通过内置的实时在线翻译功能帮助更多国际展商实时进行交流。通过线上虚拟展厅，采购商不仅可以实时看到展商提供的商品，还能进入 VR 虚拟工厂进行参观，全面地了解企业信息，为采购决策获得更多信息支撑。在采购对接阶段，为确保境外采购商在全球范围内能够获得同样流畅的线上平台服务体验，腾讯提供了全站加速技术。利用覆盖全球 70 多个国家及地区的加速节点，满足广交会国际化的业务需求，有效地解决了因跨运营商、跨境域带来的网络不稳定、访问延迟高等问题，保证海外用户访问的稳定性和流畅性。针对广交会覆盖全球用户这一特点，腾讯会议调度系统会综合考虑用户所在位置、运营商、网络和链路质量情况，下发多个可选的接入点，让用户可以动态选择到最佳接入点，有效地保障"最后一公里"的接入质量。

**4. 市场融合**

如前所述，线上、线下融合发展的展览会的线上展览会的市场和线下展览会的市场可以相同也可以不同，也就是说线上展览会和线下展览会对于参展商和观众来说是两个展览会。参展商和观众可以选择只参加线上展览会，也可以选择只参加线下展览会，还可以选择同时参加线上、线下展览会。第 130 届广交会作为唯一一次线上、线下融合举办的广交会，线下展览面积约 40 万平方米，参展企业 7795 家，累计进馆 60 万人次，共计有 2.6 万家企业参展。可见，参展商有的只参加了线上广交会，有的则同时参加了线上、线下广交会。虽然参展商和观众可能会选择参加不同形式的展览会，但对于组展商来说，线上、线下展览会属于一个展览会的不同形式，因此展览会的主题、参展范围、目标客户都具有同一性，因此要在招展、招商等市场营销等方面融合。

以第 130 届广交会线上、线下同步设立"乡村振兴专区"和"乡村振兴特色产品展区"为例，线上展对欠发达地区企业不设数量限制、不设门槛条件，鼓励积极申报，扩大受惠企业面，给那些不便线下参展的企业提供了展示、交流、交易的机会。还有很多企业此前已经参与了三次线上广交会，在第 130 届广交会，这些企业走出了直播间，在线上、线下同时参展。

当然，针对不同类型的展位，组展商可能会制订不同的招展计划。比如，2022 年第 132 届广交会虽然最后是在"云端"举办的，但在最初的招展计划中就对品牌展位和一般展位的线上、线下参展做了不同的要求，其中申请品牌展位的企业要同时申请线上、线下展位，而申请一般展位的企业可以申请线上展位，也可以申请线下展位，还可以同时申请线上和线下展位。这说明广交会线上、线下展览会的市场是融合的。

### 5. 管理服务融合

在"互联网"快速发展的背景下，2015 年第 118 届广交会就开始积极推进实施"广交会＋互联网"行动计划，努力打造智慧广交会，为广交会线上、线下融合发展奠定了良好基础。智慧广交会以信息技术改进和完善广交会招商、招展、组展、筹展、开展、撤换展等展览会组织和服务各个环节，贴近参展商和采购商的需求，推动信息化与实体展览会全面融合，惠及展览会客户。智慧广交会的服务创新表现在以下几个方面：全新推出"采购商关注度"数据服务；新增"展商动态"资讯服务；全新推出"品牌橱窗"专栏；新设"信息驿站"智慧服务区；微信服务号功能升级；巧借社交媒体加强广交会招商效能；广泛推行全球远程视频招商；借力互联网，实现精准营销。智慧广交会是充分利用云计算、大数据、人工智能等数字技术促进实体展览会发展，为所有参展客商提供展前、展中、展后智能化、全天候的线上、线下同步服务。可见，虽然智慧广交会还是线下展览会，但数字技术助力了线下广交会的发展。

　　线上、线下融合展览会的管理服务融合包括方方面面，广交会不仅继续优化线上平台，增加办证、直播、论坛、商旅等线上、线下融合的服务，使平台功能更加完善，还提供线上参展与贸易配套服务，如智能客服、海关在线以及知识产权保护与贸易纠纷处理等。下面以知识产权保护工作为例分析广交会管理服务融合。

　　广交会一直重视知识产权保护工作，在第 127 届广交会上，广州海关首次将驻会咨询台"搬上网"。广州海关在广交会上协助举办 3 场海关服务专场活动，制定政策"组合拳"，推出多项创新举措，服务突破时间和空间的限制。同时，广州海关还设立了在线咨询台"广交会海关之窗"，在线为企业提供海关监管工作、进出口关税及其他税费征收管理、进出境检验检疫等咨询服务。2021 年第 130 届广交会建立了"线上＋线下"相结合的模式处理投诉。展前，组委会通过发布参展指引、交易团自查自纠等途径强化知识产权保护意识，强化预防和管控，从源头上遏制侵权行为、防范贸易纠纷。广交会知识产权和贸易纠纷投诉接待站在展前发布重要提示，将部分专利、商标和版权作为企业自查重点比对的知识产权参考目录，该目录主要涉及专利、商标、版权三个方面，所涉及的企业来自美国、英国、法国、中国、卢森堡等多个国家。同时，还建立了线上投诉处理平台。广交会官网平台注册用户可以线上提交知识产权投诉、申诉和撤诉申请，方便权利人维权。另外，广交会还邀请专利、商标、版权等政府部门的专家线下进驻大会投诉接待站，在后台提供支持，对知识产权投诉进行专业判断。请专业仲裁机构为贸易纠纷双方当事人提供线上远程调解服务。为适应融合办展的新模式，知识产权和贸易纠纷投诉接待站恢复展馆各区站点，受理针对线下展会知识产权投诉申请；专设线上处理组，专职处理权利人通过广交会官网提交的针对线上展示内容的知识产权投诉。国家、广东省、广州市知识产权主管部门均选派具有丰富经验的专家驻会，参与专利、商标、版权、地理标志投诉处理工作。加强对所有工作人员的培训和工作指引，确保以广交会现行知识产权投诉处理有关规定为依据，高效处理线上、线下知识产权投诉。

## （二）服贸会的线上、线下融合发展模式

### 1. 功能融合

服贸会为参展企业提供了交流、交易的平台，具有贸易促进功能。2012 年首届京交会（即服贸会的前身）就达成总成交额601.1 亿美元，其中国际服务贸易交易 112 亿美元。2018 年京交会共达成意向签约项目 311 个，意向签约额 1025.6 亿美元，意向签约额创历届京交会新高。2019 年，京交会更名为服贸会，共达成意向签约项目 440 个，意向签约额 1050.6 亿美元。

除了贸易促进功能，服贸会一直是新产品、新技术、新服务展览、展示的舞台，具有引领产业发展方向和生活发展方向的价值功能。2018 年京交会（服贸会）上新技术、产品、成果集中展示，增强现实（AR）、虚拟现实（VR）、全息投影、虚拟现实触觉、智慧型服务机器人及 5G 等一批新技术集中亮相。2019 年京交会（服贸会）继续引领服务业和服务贸易创新发展，遴选发布了科技创新、业态创新、国际化发展等上百个优秀服务示范案例，进行集中展示、案例分享和宣传推广；相关行业专题展区集中展示了人工智能、大数据和 5G 新技术在城市管理、医疗健康、金融服务等领域应用的新模式、新业态、新成果，包括智慧城市决策系统、智能医疗解决方案、5G 科技无人银行等，充分发挥新服务、新模式、新业态的示范引领作用。2020 年服贸会是新冠疫情发生以来我国举办的首场线上、线下相结合的重大国际经贸活动。本届服贸会聚焦服务贸易前沿趋势，本着服务企业、服务创新的理念，不断完善服贸会线上、线下发布平台，一大批企业和机构在服贸会期间首次发布了新技术、新应用、新服务，为企业拓展发

展机遇、获取订单、开展国内国际合作提供了良好平台。2021年服贸会以"数字开启未来、服务促进发展"为主题，突出展示了数字贸易、5G通信、工业物联网、智慧办公、区块链创新等新业态、新模式，充分交流新理念、展示新服务、发布新成果。在高科技运动产品、冰雪运动、奥运文化产品、新兴时尚类运动等体育服务产品和项目方面，全面呈现国际冬季运动、竞技体育、体旅融合、体医融合、体教融合、数字体育、体育文化等体育服务新风貌。在供应链及商务服务方面，本届服贸会展示了新时代下供应链和商务服务企业最新前沿技术和服务，中国诚通、北汽集团、华为、滴滴、南航、北汽集团、中国远洋海运等大型交通物流运输平台、装备制造业，为观众展示新一代物流及全球供应链服务如何助力城市产业转型升级。5G、物联网、区块链、虚拟现实、人工智能等技术在金融领域中已广泛运用，金融领域孕育出更多的新模式新业态，中国银行、工商银行、瑞穗银行等来自国内外的金融机构携手展示金融服务贸易的前沿趋势。2022年服贸会中80多家知名企业和机构在本届服贸会上发布行业发展报告、签约合作成果和首发首秀。其中，50余家企业在人工智能、金融科技、医药健康等领域首发新产品、新技术。71个国家和国际组织在服贸会综合展亮相，上百家企业和机构发布成果，综合展和九大专题展重点展示全球服务贸易领域的新技术、新应用、新服务。

**2. 产品融合**

服贸会自2020年开始采取线上、线下相互融合的方式办展，打造并完善服贸会数字平台。服贸会数字平台围绕展览、会议、洽谈、贸易、数字化服务五大核心场景，开通了包含线上平面展台、3D展台、云会议、会议直播、云洽谈、云签约、在线预约等功能，为参展方提供了包括PC、App、H5、小程序、公众号等多端融合渠道。参展商可以通过"企业小官网"等功能，便捷建立企业专属的品牌官网和电子展台，企业新闻、企业相册、展台海报、企业直播等板块，能够更加立体化地进行品牌及项目展示，大幅提升参展商获得潜在商机的能力。2020 年服贸会官方网站浏览量 720 万，官方 App 浏览量 805 万，共有境内外 5372 家企业搭建了线上电子展台，其中 3D 展台 2037 个；共举办 32 场纯线上会议和 173 场线上直播会议，线上发布项目 1870 个，发起在线洽谈 55 万次，其中境外 14.5 万次，占 26.4%。同时，相关相近行业及周边企业在智能匹配、算法推荐等功能的推动下，实现了信息集聚、商机拓展，大幅提升了线上参展体验。2021 年服贸会充分运用数字技术，继续以线上、线下相结合的方式举办，同步推进屏对屏、面对面的政企对接、产学对接、企业交流和洽谈，充分展现经济数字化、网络化、智能化发展的巨大潜力。

线下服贸会是一年一次，具有短期时效性。但是，京东云提供的企业间的讨论、洽谈、贸易、服务等能力是 7 × 24 小时 365 天的。服贸会搭建的线上平台是一个大的贸易社区，供需双方也可以在日常利用服贸会搭建的这个平台。除了直播和会议之外，京东云提供的展、论、洽、贸、服这些服务都是常态化的。

### 3. 技术融合

服贸会配置了更多基于云的"黑科技"，比如京东云为国内外厂商搭建了云上私密会议室、提供了区块链合同服务，百度 AI 支持线上直播同传双语字幕。在这些技术的支持下，服贸会突破 6 天会期，成为一个常态化的线上服贸社区，实现线上、线下融合发展模式。

2021 年服贸会京东科技集团在底层技术和线上会议功能两大层面加大了技术支持。底层技术层面包含京东云计算能力和资源存储能力，以及安全防护体系建设。线上会议层面则围绕展览、会议、洽谈、贸易、数字化服务五大块，设置了线上展台、云会议、会议直播等众多功能。以云会议为例，2020 年是简单的开放式会议，每个人可以在会议中随时发言，而 2021 年服贸会的云会议功能实现邀约私密会议，入会人员必须经过审核才可入会，确保了会议的私密性。同时，2021年服贸会的云会议功能还区分了嘉宾、观众的角色，观众只能听会不能发言，可以有效保障会议的顺畅进行，提高会议效率。服贸会数字平台具备区块链合同和阅后即焚的功能。区块链合同功能具体是指从合同发起、签署、管理到下载的全链路线上化，用户3分钟即可完成合同签署；对签约双方的实名注册、签署流程、短信意愿确认等关键签约步骤进行区块链加密多方存证，保证电子合同及签约信息可追溯、防篡改。

百度AI同传为服贸会"成果发布"环节和"数字贸易发展趋势和前沿高峰论坛"提供AI同传服务。以"成果发布"环节为例，百度AI同传支持包括中国银行、爱普生、埃森哲、普华永道等超过70家中外企业和机构发布最新技术、产品、成果。百度AI同传依托百度自主研发的AI同传创新技术，全新发布AI同传全矩阵产品，推出完整的AI同传会议解决方案和百度AI同传助手，提供全场景、跨平台、多模态的AI同传服务。此外，推出了业内创新的字幕上屏模式，同传字幕实现以语义单元粒度上屏，解决了传统逐字上屏降低阅读速度的问题，有效减少与会者的阅读负担。同时对行业术语和重点内容高亮展示，并提供术语解释，帮助用户快速获取关键信息，理解会议内容。

### 4. 市场融合

2020年服贸会有来自148个国家和地区的企业线上、线下参展，其中2000多家企业线下参展，还有5300多家企业搭建了线上展台。2021年服贸会有来自153个国家和地区的企业注册线上、线下参展参会，其中2400多家企业线下参展，线上搭建展台6500多个。2022年服贸会线下参展企业2400余家，线上参展企业7800余家。企业一般会选择线上参展或者是线上、线下同时参展。

服贸会通过线上、线下举办"云推介"系列活动，发布服贸会最新信息。2020年服贸会推介活动主要采取网上推介形式，服贸会北京市筹备与服务保障领导小组办公室召开了首届驻华使馆、商会、企业网上推介会，宣传推介 2020 年服贸会的文化服务、金融服务、冬季运动、旅游服务、教育服务和卫生服务。2021 年服贸会不仅在网上举办了多次推介会，还在国内外举办多场线下推介会。2022 年服贸会同样举办了多场面向国内、国际参展商的线上、线下推介会。

### 5. 管理服务融合

线上、线下融合展览会的管理服务融合包括方方面面，此处也以知识产权保护工作为例分析服贸会的管理服务融合。北京知识产权法院进驻 2022 年服贸会，通过设立司法服务工作站，为在场参展客商提供国际化、专业化的知识产权以案释法服务。北京知识产权法院在 2022 年服贸会的两个会场——国家会议中心和首钢园都分别设立了司法服务工作站，主要负责三方面的工作内容：一是为现场的客商提供以案释法服务；二是对现场的侵权纠纷和投诉进行处理；三是与北京市知识产权局、北京市市场监督管理局、北京市文化市场综合执法总队等单位一同进行场馆巡查，对可能涉嫌专利号、商标标注不规范的行为进行现场调处。知识产权保护巡馆活动，受到众多参展商的欢迎，使参展商可获得专业的知识产权保护法律建议和法律咨询。针对一些商家可能存在商标使用不规范、广告宣传语违法违规等问题，巡查人员会告知其存在的法律风险和适当的防范方式，以避免法律纠纷。除现场服务外，为契合线上、线下融合办展的机制，服贸会官网还同时设有侵犯知识产权线上投诉通道。跨部门、全链条式的知识产权保护协作，为举办一次高水平的服贸会打造开放共享、引领创新的交流平台提供有力支撑。

## （三）进博会的线上、线下融合发展模式

### 1. 功能融合

进博会为国外企业进入中国市场提供了有效的平台，充分发挥了其促进进口贸易的效率功能。进博会于 2018 年首次举办，自

2019 年以来，进博会每年都可实现意向交易额超 700 亿美元，很好地发挥了其贸易促进的功能。

除了促进贸易，进博会每年都会展出数百项新技术、新技术产品和新技术服务，更好满足了人民美好生活的需要和企业技术进步的需要，充分发挥展览会发现"新"的价值功能。2019 年进博会展览、展示新产品、新技术、新服务超过 400 项，很多是全球首发、中国首展，如船体设计代表当今世界船舶设计和制造顶尖水平的高速公务船、针对多种癌症创新免疫疗法的帕博利珠单抗注射液等。2020 年进博会也是全球首发首展新品众多，各项首发新产品、新技术、新服务 411 项，其中全球首发 73 项，如全球首创的干式纤维再生造纸系统、折叠后仅有背包大小的充气皮划艇、最智慧的重症监护室（ICU）指挥中心、先进的人工智能生产车间、全自动仓储配送系统等亮相展台。2021 年进博会首发代表性新产品、新技术、新服务达 422 项，其中全球首发 88 项。例如，日本资生堂集团在本届进博会上总共进行了 13 项首发，包括 2 款全球首发、7 款中国首秀的防晒新产品，以及"日抛肌"技术和"皮肤弹性可视化"技术两项在日本以外市场"首秀"的"美妆黑科技"等。松下集团首次发布了与水相关的清洁"黑科技"诺安活水和 5 千瓦纯氢燃料电池。阿法拉伐集团全新一代板式换热器 T 系列 T21 型板式换热器在进博会期间进行亚洲首展首发。强生展示了在亚洲首发的全球首台经支气管诊疗肺癌的数字化手术平台（Monarch TM）。霍尼韦尔的飞行模拟器搭载了霍尼韦尔在航空运输领域的多项创新技术，其中机场滑行指引系统和跑道冲出告警系统均为全球首发。沃尔沃无人电动轮式装载机、理光大容量磁带存储介质"FUJIFILM LTO9 数据流磁带"、Kohler 有机可降解塑料固体充电电池都是首发新科技。全球知名商业地产服务和投资企业世邦魏理仕（CBRE）带来了一款亚洲首发的虚拟楼宇探索平台 CBRE Build。中国香港的雅辰酒店集团发布了一个全新品牌"雅

学习笔记

辰尚"，并且宣布上海前滩雅辰尚酒店将作为品牌首发登陆上海。来自瑞士的第三方检验、测试和认证领域的企业通标标准技术服务有限公司（SGS 中国）宣布与微软企业合作，是全球首发业界首个双标准 S-Carbon 数字化碳管理智能云平台。可见，进博会已经成为国外企业宣传、展示新产品、新技术、新解决方案、新服务、新品牌等的重要平台，也是进博会吸引参展企业和观众的重要因素。

进博会官方网站从 2019 年开始已经把展示新产品、新技术、新服务的数量作为进博会成果的重要指标之一。与广交会主要以展览、展示中国制造业最新产品不同的是，进博会主要展览、展示国外的新产品、新技术、新服务，能够使中国的企业了解世界范围内的产业发展前沿和趋势，能够让中国人民了解世界范围内的消费发展趋势，可以在更高水平上发挥其引领产业发展和生活方式发展的价值功能。

### 2. 产品融合

进博会的实体展厅和虚拟展厅并存，参展各方可以通过线上、线下多种方式参与展会。进博会运用多种数字化技术，积极开展"云展览""云论坛""云洽谈""云对接""网上推介会"等，在大数据、5G、云计算等技术的支持下，有效提升了参展商和专业观众的参展与观展便利度、体验感，最大限度地实现进博会的效率功能和价值功能。观众可以通过即时图片、视频直播、V 智展小程序、微信小程序、学习强国 App、VR 看进博等方式线上观展，可以根据国别、企业、展品类别等检索条件，任意筛选产品或商家，获取展品介绍和企业联系方式以及其他相关信息。①

2021 年进博会通过线上、线下的产品设计来实现进博会的效率功能和价值功能。进博会举办大型贸易投资对接会，线上、线下共有来自 55 个国家的 640 家参展商和 766 家采购商与会，达成

---

① 金艳，张敏．会展服务创新思考：数字技术赋能进博会 [J]. 中国会展,2022( 15 )：74–75.

合作意向 273 项，同时举办 17 场投资推介会和 80 场集中签约活动，充实扩大了进博会成果。虹桥国际经贸论坛通过线上、线下相结合的方式，共举办了 12 场分论坛，众多海内外专家围绕具体议题，深入开展研讨，促进经贸交往。2021 年进博会首设"在线国家展"，线上展示各国特色产品与文化，首次为 58 个国家和 3 个国际组织搭建了数字展厅，运用虚拟现实、三维建模等新技术新手段，在线展示各国特色文化。在线国家展为促进各国沟通交流，开辟了新时空、做出了新贡献。同时开辟"云上展厅"，沉浸式数字化实现"云游"进博会。虚拟展厅的出现，也便于进博会为参展国提供更实、更深的服务。虚拟展厅内将设置企业直通车，打通国家展与企业商业展的通道，方便专业观众了解参展国企业情况。为增加线上观展的趣味性，进博会在线上让进博会吉祥物"进宝"作为讲解员带着大家云观展，并设计了上线打卡、积分抽奖等互动功能。为了增强到场观众的参与感，线下进博会在国家会展中心（上海）北厅设置国家展体验区，现场进馆观众可通过虚拟现实（VR）等设备浏览线上国家展。线下进博会具有时效性，而线上进博会可以依托技术支持成为"永不落幕"的展览会。进博会现已逐步建成以虹桥品汇为首，包括集团国别中心、时尚生活馆、龙选优生活、时尚中心、康健菁选在内的六大进博会交易服务平台。其中，虹桥品汇是上海市基于主办地优势、打造进博会持续效应的创举，是上海市政府主导的重点项目。虹桥品汇从第一届进博会起就开始探索保税展示展销常态化模式，而自 2020 年起，应用这一模式的商品更丰富、运用场景更多元，家具家居、食品、化妆品等 10 多个品类的商品实现前店后库展示销售。经过两年建设，虹桥品汇已汇集了来自 70 多个国家（地区）的 2000 多个品牌、20000 多款商品。其中，70% 的商品来自进博会参展企业。

2022 年进博会首设"数字进博"平台，以四大平台功能为内容支撑，紧紧围绕参展商、采购商两大核心服务对象，设置云展示、云发布、云直播、云洽谈四大功能，构建完整的展示、发布、洽谈流程。云展示，即超百家技术装备领域展商线上展示，通过图文、视频（含 VR 展示）等形式，展商展品形式更趋多样化，可以在线上浏览更多符合进博会参展要求的展品。云发布，即作为公共发布空间，参展客商可在云发布板块了解进博要闻、展商新闻、行业动态、活动排期预告等重要信息。采购商可以发布采购需求，掌握最新参展商展台动态、新品介绍等。云直播，即将开设参展商直播间、论坛会议活动频道，参展客商可在云直播板块观看配套活动、新品发布、展台活动等进博精彩实况，同时可以在观看参展商直播时，对感兴趣的参展商同步发起洽谈需求，促成精准洽谈。云洽谈，即为参展客商提供洽谈间，实现高效实时互动。洽谈方式多样，分为公开洽谈间和私密洽谈间。意向客商可根据展前公布的在线洽谈时间表提前预约，或随时发起洽谈邀请。2022 年进博会可以实现线上、线下同频同质，同频即与线下展开闭馆时间一致，同质即与线下展保持效果一致。进博会有便捷丰富的引流手段：一是网页及手机端都可使用；二是支持短信验证及微信扫码登录；三是实施采购商积分计划。进博会通过精准推送匹配信息，发挥进博会采购商数据库精准细分优势。

### 3. 技术融合

数字技术极大地丰富了进博会展品的展出形式。在历届进博会上，AR 技术与 VR 技术的应用随处可见。2018 年首届进博会上，加拿大馆为进博会专门开发了一个平台，使所有的纸质宣传资料均由线上 VR 体验所取代，在全景 720° VR 电子展厅现场，观众则可以通过 3D 触摸一体机来漫游展馆，阅读展馆内所有的活动信息以及展出内容。2019 年进博会增设了 AR/VR 展位，大大提升了参会观众的现场体验感。

2022 年进博会开幕式以线上、线下相结合的方式进行，线上的视频接入服务由华为云会议提供技术支持。主会场以及其他 14

个分会场通过华为专业视频会议硬终端接入会议，其他 260 多个与会者通过软终端线上入会。华为云会议，基于华为云原生的公有云架构，提供业界领先的端云融合的视频会议解决方案，灵活的多画面设置，可以将各个会场的视频画面按照要求进行布局显示。同时，华为云会议支持 4K 屏幕共享、1080P 超高清视频、视频降噪、30% 视频抗丢包，专业音频、视频会控能力，确保多地连线的超清稳定流畅。华为云专业的视频会议保障服务，具备完善的应急预案与方法，可以有效避免现场出现问题。在会前进行预防和演练，完成服务对接集成、部署执行、压力测试和演练；提供终端双备份，并提前演练测试，当出现异常时，可以紧急换用备选设备，确保线上分会场的正常接入。

2021 年进博会首次线上举办的国家展，通过三维建模、虚拟引擎等新技术手段，使观众可以在沉浸式数字展厅里了解参展国的发展成就、优势产业、文化风情等内容。2022 年进博会首次尝试搭建"数字进博"平台，以进博会企业商业展技术装备展区为试点，聚焦精准匹配及同频同质，为线下展会提供有益补充。2022 年进博会国家展还引入了元宇宙等更酷炫的线上展示技术，为全球参观者带来沉浸式观展体验。

### 4. 市场融合

进博会的线上、线下展览会的具体参展企业和观众有所不同，有的参展商和观众只参加了线上展览，有的参展商和观众则同时参加了线上、线下展览。2020 年进博会在多个省、区、市举行了多场招商路演，现场向采购单位宣介，线上参与达几十万人次。进博会在疫情防控常态化背景下，采取云招展、云签约、网上推介会的方式，创新招展形式。通过网上推介会，进博会参展企业可以事先在线上对接，找好合作伙伴，大幅提高了招展对接效率。2021 年进博会在往届进博会网上推介会的基础上，先后在中国香港、德国、丹麦、韩国、瑞士等进行了网上推介会。进博会通过

✎学习笔记

云招展、云签约、网上推介会的形式，加快了进博会的招展进程，线上、线下推介齐发力，云上云下招展共创新，让进博会招展工作更加国际化、高水平化。[①]

2022年进博会组委会与行业性招商合作单位和区域性招商合作单位合作，通过线上、线下方式顺利推进各项招商工作：一是开展进博会宣传。利用单位网站、行业媒体、微信公众号、微信群等渠道，宣传进博会的意义、主要内容、展商展品信息、专业观众报名渠道及注意事项、招商政策等。二是举办进博会招商路演。利用行业影响力和客户网络等资源，专题举办招商路演；与会员大会、行业会议等结合进行进博会招商推介；配合中国国际进口博览局开展招商路演。三是开展采购需求摸底调研。结合第五届进博会展区及行业设置，对拟邀请到会的采购商开展摸底调研，了解采购需求，夯实工作基础。四是邀请专业观众报名参会。通过多种途径向专业采购商发出邀请，组织动员其报名进博会并到会洽谈交易。五是为所邀请专业观众提供支持服务。开展培训，讲解相关流程和要求，提高注册效率；及时定向推送展商展品信息，便于其了解情况，促进展会成交；协调其上报展会现场成交情况，全面展示交易成效等。六是组织采购商参加对接会。组织所邀请的专业采购商参加展前、展中贸易投资对接会等，明确采购需求，积极开展对接，有效促进成交。七是做好展会现场交易促进工作。推动所邀请的采购商积极与参展商洽谈交易，提高展会期间交易促进和组织效率。八是做好展后相关服务工作。

### 5. 管理服务融合

进博会在线上、线下融合展会中打造了一站式服务平台，在这个平台上，汇聚了全球优质的服务商，为其提供全面、专业的交易咨询和服务，帮助参展商、商品、技术和服务顺利进入中国市

---

① 王芳芳，段超.双线融合展会模式下办展形式创新研究：中国国际进口博览会为例[J].现代商业，2022（9）：44-46.

场。在一站式服务平台上还细分了服务对象，其中包括跨境供应链平台、金融保险平台、展会服务平台、旅游服务平台、展商配套平台等。一站式服务平台，让参展各方能够更好地沟通交流，使得进博会线上、线下展会进程更加流畅，方便和推进了进博会的整个办展流程。在一站式服务平台上，进博会主办方统计和记录了全球参展企业和专业观众的综合数据，提高了进博会主办方的筹备工作效率。对于来自全球的参展企业来说，它们可以通过一站式服务平台，了解参展展区的特色和亮点，能够熟悉其他参展企业的信息数据，明确专业观众和其他参展观众的需求，从而更好地调整自己的参展商品以及服务，使自己利益最大化。而对于参展观众来说，他们通过一站式服务平台，能够更清楚了解整个进博会的情况，可以对自己感兴趣和喜欢的展商展品进行全方位的沟通交流，促进贸易合作。而且对于不能去实体展厅参展的参展观众，一站式服务平台能够实时对他们的问题、请求或合作意向进行解决。

⟋学习笔记

## （四）总结

本章以广交会、服贸会、进博会这三个中国目前最高水平的展览会为案例对展览会线上、线下融合模式进行了比较详细的分析。可以看出，目前采用线上、线下融合模式发展的展览会在功能、产品、技术、市场、管理服务等方面都表现出了高度融合。

第一，功能融合。三大展览会除了具备促进贸易实现等效率功能外，也具备引领产业发展方向和消费方向的价值功能。从广交会的发展历史可以看出其贸易促进的效率功能正在减弱，而引领产业发展方向和消费方向的价值功能正在增强；服贸会也在促进贸易的效率功能的基础上更加重视其引领产业发展方向和消费方向的价值功能；进博会从一开始就兼具促进进口贸易的效率功能和展示新产品、新技术、新服务的价值功能。线上展览会和线下展览会兼具效率功能和价值功能，可以实现效率功能和价值功能的融合。

第二，产品融合。线上、线下展览会具有相同的主题、参展范围。线上、线下展览会可以同时举办（如服贸会、进博会），也可以不同时举办（如广交会）；线下展览会具有短期时效性，而线上展览会虽然具有开幕、闭幕的时间限制，但依托其线上的独特性可以实现永不落幕的展览会。三大展览会的线上展览会和线下展览会的展位分区、展台搭建、展品范围、附设论坛和其他相关活动等产品的设计既可以独立进行，又可以融合发展。产品设计是为了更好地实现功能，线上展览会能够最大化效率功能，而线下展览会能够最大化价值功能，因此线下展览会应该通过更多的论坛和相关活动设计实现其价值功能，线下参展商应该有更好的展览、展示方式以实现其参展目标。线上展览会的产品设计则应该能够充分利用技术来支持其最大化效率功能。

第三，技术融合。线上展览会最重要的战略服务供应商就是技术服务供应商，线下展览会同样也需要技术服务供应商，目前采用线上、线下融合发展模式的展览会一般会与同一家技术服务供应商合作，更有利于线上、线下展览会的技术融合。线上展览会不是线下展览会的线上化，更不是线下展览会的"复刻"，线上展览会有自己的产品和市场，可以独立举办，也可以与线下展览会融合举办。这就需要技术服务供应商为线上展览会提供全方位的技术支持，包括展前预览、现场展览展示、洽谈、直播、工厂参观、展后交易等"一揽子"服务。线下展览会同样也可以依托技术支持实现展前、展中、展后交流、交易的便利化，但线下展览会的效率功能和价值功能的实现更多地依靠线下面对面的交流。因此，线上、线下展览会的技术支持融合可以更好地实现其效率功能和价值功能。

第四，市场融合。线上展览会和线下展览会虽然具备相同的参展范围，但其具体的参展企业可以有所不同。线上展览会和线下展览会可以有同样的参展商和观众，也可以有不同的参展商和观众，也就是说线上展览会和线下展览会有同样的目标市场，但具体的消费者有所不同，在具体的营销、招展、客户服务等方面可以融合发展。

第五，管理服务融合。展览会管理服务包括多个方面，其实技术融合、市场融合也属于管理服务融合的一部分，只不过这两方面是展览会线上、线下融合的非常重要的两个方面，本书把两者单独拿出来论述。由于管理包含的内容过多，远不是本书可以囊括的，而且具体的管理内容也不是本书的重点，所以本书只选择一些具体的内容，如线上、线下知识产权的保护，一体化服务平台等论述三大案例在实践中的具体操作。

本章通过广交会、服贸会、进博会这三大中国顶级的展览会在功能、产品、技术、市场、管理服务几个方面的融合，系统地总结了三大展览会线上、线下融合模式的实践，为中国未来展览会线上、线下融合发展模式提供了可资借鉴的方案。但采用这三大展览会进行案例研究也有一定的问题，主要表现在：第一，这三大展览会都属于政府主导型展览会，需要对更多的非政府主导型展览会做案例研究。虽然在案例选择部分已经说明了选择这三大展览会的原因，而且我国相当一部分大型的、品牌性的展览会都是政府主导型展览会，但我国还有不是政府主导型展览会的展览会。因此，今后还应该以非政府主导型展览会为案例进行分析，为中国展览会线上、线下融合发展提供更多的借鉴。第二，没有分析财务融合问题。财务融合是展览会线上、线下融合的关键点，如果无法实现财务融合，展览会线上、线下融合就不具备可持续性。前文已经解释过没有进行财务融合分析的原因，其主要原因在于三大展览会作为政府主导型展览会具备预算软约束的特点，三大展览会的财务管理和财务融合对其他非政府主导型展会的借鉴有限。因此，不仅要对三大展览会线上、线下财务融合进行分析，还应该加强对非政府主导型展览会线上、线下财务融合进行分析。第三，线上、线下融合发展模式时间太短，难以总结有效的经验。线上、线下融合发展模式虽然是数字经济发展的必然结果，但新冠疫情的暴发催化了这一模式。2020~2022 年，服贸会、进博会只举办了三届线上、线下融合的展览会，而广交会只在 2021 年第 130 届广交会上采用了线上、线下融合的模式。一种模式的成熟需要长时间的尝试、积累、沉淀、总结、反复试错，而目前线上、线下融合模式发展的时间太短，很难总结一套普遍的模式和经验。此外，这种尝试还存在一定的失败的风险。本书尝试构建效率功能和价值功能统一的分析框架，更多的是一种理论上的分析，案例研究只能根据有限的资料和实践表现对所构建的理论进行支撑。展览会线上、线下融合发展模式还需要更多的案例、更长的发展阶段来总结验证。第四，产业参与者还没有为展览会线上、线下融合模式做好充分准备，限制了研究观察。无论是组展商、服务供应商等产业供应者还是参展商、观众等产业消费者，都还没有做好完全的准备，很多组展商是"不得已而为之"地采用了线上、线下融合发展模式，大部分参展商和观众无法适应线上参加展览会。虽然实践中很多组展商认为自己采用了线上、线下融合的发展模式，但这种线上展览会更多的是线下展览会的"复刻"，还无法适应线上展览会提出的新的挑战，更无法最大化展览会的效率功能和价值功能。很多参展商和观众认为线上参展是新冠疫情下的"无奈之举"，而展览会的功能（尤其是价值功能）的实现往往需要较长时间，因此现阶段针对参展商和观众的参展绩效的调查研究往往无法得出相对准确的判断。这就限制了对展览会功能和参展绩效的研究观察，限制了采用更加复杂的模型和研究方法研究展览会的线上、线下融合发展模式对效率功能和价值功能的影响。未来待线上、线下融合模式不断发展成熟，产业参与者做好充分准备，可以进一步通过产业数据验证线上、线下模式对效率功能和价值功能的影响。

第六章

**结论和建议**

近年来中国展览产业发展迅速，展览面积和展馆面积均快速增长。蓬勃发展的中国经济使展览产业迎来了蓬勃发展时期，在促进商品交易、经济发展、国际交流和合作等方面发挥了积极且重要的作用。2019年底暴发的新冠疫情使世界各国人民处于不同程度的社交隔离状态，展览会也因为其聚集性平台的本质特点受到了严重冲击，世界范围内大部分展览会纷纷停办或转移到线上举办。理论上，人们普遍认为，展览会是促进国内、国际贸易的有效手段，但实际上，实体展览的停滞没有在总体层面上给国际贸易带来重大影响，跨境电商和线上展览会成为替代线下实体展览的两股力量。因此，实践对展览会的核心功能提出了质疑，即展览会是否还有存在的必要性？如果未来展览会还将持续存在，那么线上展览会是会取代实体展览会还是会和实体展览会并存？对于这些实践问题的回答迫切需要理论上对展览会核心功能做出合理解释，重塑展览会的核心价值。

# 一、结论

基于马克斯·韦伯的工具理性和价值理性理论，本书深入探讨了展览会的核心功能，并得出以下重要结论：

## （一）展览会兼具效率功能和价值功能

本书以马克斯·韦伯的工具理性和价值理性理论为基础研究展览会的功能，建立了效率功能和价值功能相统一的分析框架，并认为展览会既具有在工具理性下追求效率的功能，也具有在价值理性下追求价值的功能。对于参展商来说，展览会的效率功能主要表现在销售效率功能（如提高参展企业的销售额、签约额等）和非销售效率功能（如提高企业知名度、结识潜在客户等）；对于观众来说，展览会具备帮助观众提升采购效率和非采购效率的功能。展览会的价值功能主要表现在发现"新"的功能，根据贸易展览会的本质和其在实践中所起的作用，这种价值功能可能就在于贸易展览会具备"引领未来生产方式和生活方式"的价值。从生产方式的角度来看，贸易展览会不仅是展示成熟的产品（服务）的平台，更重要的是展示和发布代表和引领产业未来发展方向的新思想、新理念、新技术、新工艺、新产品、新服务、新品牌、新标准的场所。从生活方式来看，展览会通常是展示引领未来生活方式的新理念、新潮流、新风尚、新产品、新技术的场所。从历史的角度来看，层出不穷的新事物推动人类社会的生产和生活不断向前发展和进步，"求新"是企业和个人永无止境的追求，而展览会具备展示"新"的价值功能。

从理论上讲，任何单纯追求效率功能的事物总有一天会被更有效率的事物所取代（虽然现在在我们并不知道是什么事物），但追求价值功能的事物永远不会被取代（虽然所追求的价值本身可能会发生变化）。展览会兼具效率功能和价值功能，并将因其价值功能而伴随人类生产和生活一直存在。

## （二）线上、线下融合发展模式可最大限度实现展览会的效率功能和价值功能

一个展览会可以只在线上举办，也可以只在线下举办，还可以线上、线下融合举办。线上展览会和线下展览会都应该兼具效率功能和价值功能，应该采取最大化效率功能和价值功能的模式来发展展览业。从效率功能来看，相较于线下展览会，线上展览会因不受时间、空间的限制而具有天然的效率优势，可以最大化

展览会的效率功能。实践中，线上展览会所实现的云看货、云洽谈、云交易等都已经充分证明了线上展览会的效率优势。从价值功能来看，展览会上展示的引领生产方式和生活方式的各种"新"的价值，需要参展商和观众、参展商之间以及观众之间面对面的交流和全方位的体验和感受才能使展览会更好地实现追求价值的功能。因此，为了更好地实现展览会兼具效率和价值的功能，未来展览会应该是线下、线上融合的发展模式，线下展览会最大化实现价值功能、线上展览会最大化实现效率功能。

### （三）线上、线下融合发展是展览会高质量发展阶段

线上、线下融合发展模式就是展览会高质量发展阶段，主要体现在以下几个方面：第一，线上、线下融合发展模式可以使展览会最大限度实现效率功能和价值功能；第二，线上、线下融合发展模式可以使展览会这种具有聚集性平台性质的产品能够更好地应对"黑天鹅"事件的挑战；第三，线上、线下融合发展模式为消费者提供了更多产品选择，可以增加消费者效用；第四，线上、线下融合发展模式可以提高展览会的竞争力。

线上、线下展览会同属于一个展览会的不同形式和内容，因此展览会线上、线下融合发展表现在多个层面，如功能融合、产品融合、技术融合、市场融合、财务融合、管理服务融合等。

## 二、建议

### （一）对组展企业的建议

组展企业是展览会线上、线下融合发展模式的主要推动者，

展览会效率功能和价值功能相统一的分析框架以及线上、线下融合发展模式对组展企业来说具有重要意义。对组展企业的建议主要包括以下几个方面：第一，组展企业应该更加重视展览会产品的储备。根据效率功能和价值功能相统一的理论，展览会长期存在的理论基础在于价值功能，也就是展览会能够展示各种引领生产方式和生活方式的"新"，这就需要组展商应该时刻保持对各种"新"的敏感度，加强对产业发展趋势和生活方式变化趋势的研究，储备多个展览会项目，做到运营一批展览会项目的同时储备一批项目，使展览会的生命周期始终先于产品周期。第二，组展企业应该更加重视展览会功能策划。组展企业不仅要重视展览会效率功能的策划，更要重视展览会价值功能的策划。组展企业应该更加注重展示方式和展示技术，重视对线上展览会和线下展览会的各种技术支持，最大限度实现展览会的效率功能。组展企业应该在参展商邀请、展品分类、展览分区、附设活动策划等方面尽可能满足各种"新"的展览、展示需要，最大限度地实现展览会的价值功能。第三，组展企业要更加注重展会供应商的管理。组展企业应该更加重视供应商的选择和管理，尤其要注重和技术服务商的战略合作伙伴关系。第四，组展企业应该制定科学的数字化战略，深入研究和理解线上、线下融合发展模式，主动采取该发展模式，从功能、产品、技术、市场、财务、管理多个方面实现融合，最大限度地实现展览会的效率功能和价值功能。

## （二）对会展服务供应商的建议

线上展览会的快速发展以及线上、线下融合的发展模式使服务供应商面临着不同的机遇和挑战，并将对服务供应商的产业结构产生重要影响。在新的发展模式下，不同类型的服务供应商应该有不同的应对策略。随着数字经济的加速发展，会展活动的线上支持技术服务市场的竞争更加激烈，在服务质量和管理水平方面对服务供应商提出了更高的要求。一方面，一些大型的数字型企业大举进入会展技术服务市场，为会展活动提供整体的技术服务，迅速成为会展技术服务市场的领头企业；另一方面，传统的小型会展技术服务供应商深入挖掘会展活动线上技术服务和其他技术服务的细分市场，可以为一些小型的展览会、会议以及其他类型的会展活动提供整体技术服务，也可以为参展商提供参展技术服务。其他传统的会展服务供应商（如展品运输、展台搭建、会展酒店等）应该清醒地认识到自身在产业结构中相对比重下降的发展趋势，进一步提高服务质量和管理水平，提高自身应对线上、线下融合发展模式的各项新的要求。需要重点提及的是会展场馆，会展场馆需要重新思考其自身的市场定位和发展战略，一方面会展场馆依然是线下展览会最重要的服务供应商，另一方面会展场馆要满足展览会线上、线下融合发展模式的需要，制定数字化战略，为展览会提供高水平的展馆服务。

## （三）对会展城市的建议

城市管理者要深刻认识功能和影响之间的区别和联系，一方面要尽量引进或吸引品牌性会展活动，另一方面要提高会展城市竞争力，不仅要做大做强会展产业，如完善会展产业链、培养龙头企业等，还应该在其他方面为会展产业发展提供支持，如提升会展产业的相关支持产业（如数字产业等），提升城市整体环境，提升政府管理和产业管理水平等。城市管理者应该深刻理解线上、线下融合的展览会发展模式，摒弃原来以建设大型会展场馆发展展览业的发展模式。

# 三、未来研究展望

## （一）加强展览会功能的研究

已有文献偏重于会展影响研究（如经济影响、社会文化影响、旅游影响、形象影响等），而忽视了会展功能研究。功能和影响是两个不同的概念，具有不同的含义，但又有非常密切的联系。从理论上讲，功能研究要比影响更重要，因为功能是一个事物存在的根本，而且会展活动的积极影响能否实现取决于会展是否具备相应的功能。本书基于工具理性和价值理性的理论视角，认为展览会在工具理性下具备追求效率的功能，在价值理性下具备追求价值的功能，并因其具备追求价值的功能而一直会伴随着人类社会存在下去。但本书只是在马克斯·韦伯的工具理性和价值理性理论的基础上提供了一个展览会兼具效率功能和价值功能的分析框架，以广交会、服贸会和进博会三个展览会进行的案例研究也相对简单。这个分析框架还需要从理论上不断完善，需要构建更科学的模型以及更多的企业和产业层面的数据加以验证。因此，应该继续加强展览会的功能研究，比如应该开发科学的量表衡量展览会的效率功能和价值功能，研究展览会的核心功能历史演变规律，加强对展览会的效率功能和价值功能的评估等。

## （二）加强展览会线上、线下融合发展模式的创新研究

基于展览会功能研究，本书从理论上说明了线上展览会更有利于效率功能的发挥，而线下展览会更有利于价值功能的发挥。因此，为最大化展览会的效率功能和价值功能，未来展览会应该

采用线上、线下融合的发展模式。但由于线上会展活动是在近几年才快速发展起来的，很多企业（包括组展商和参展商）认为举办和参加线上展览会只是在新冠疫情之下的无奈之举，没有为线上展览会的组展和参展做好充足的准备。很多企业（尤其是参展商）认为线上参展无法达到预期的效果，基于参展商方面的调查很难获得关于线上展览会功能的真实评价。这需要研究人员长期关注功能研究，待研究条件具备之后再定性、定量研究线上展览会和线下展览会的具体功能以及两者实现不同功能的比较。此外，应进一步深入研究线上展览会和线下展览会在功能、产品、技术、市场、财务、管理服务等方面如何进行更好的融合，这对于未来展览业的健康发展具有重要的理论意义。

# 参考文献

[ 1 ] Banting P, Blenkhorn D. The role of industrial trade shows [J]. Industrial Marketing Management, 1974,3(5): 285–295.

[ 2 ] Barczak G J, Bello D C, Wallace E S. The role of consumer shows in new product adoption [J]. Journal of Consumer Marketing,1992, 9(2):55–64.

[ 3 ] Bathelt H, Gibson R. Learning in 'organized anarchies': The nature of technological search processes at trade fairs [J]. Regional Studies, 2015, 49(6): 1–18.

[ 4 ] Bathelt H, Golfetto F, Rinallo D. Trade shows in the globalizing knowledge economy [M]. Oxford: Oxford University Press, 2014.

[ 5 ] Bathelt H, Malmberg A, Maskell P. Clusters & knowledge: Local buzz, global pipelines and the process of knowledge creation [J]. Progress in Human Geography,2002, 28(1): 31–56.

[ 6 ] Bathelt H, Shuldt N. Between luminaires and meat grinders: International trade fairs as temporary clusters [J]. Regional Studies, 2008, 42(6): 853–868.

[ 7 ] Bathelt H, Shuldt N. International trade fairs and global buzz, part I: Ecology of global buzz [J]. European Planning Studies, 2010, 18(12): 1957–1974.

[ 8 ] Bellizzi J, Lipps D. Managerial guidelines for trade show effectiveness [J].Industrial Marketing Management, 1984, 13(1): 49–53.

[ 9 ] Bello D C, Barczak G J. Using industrial trade shows to improve new product development [J]. Journal of Business and Industrial Marketing, 1990, 5(2): 43–56.

〔10〕Bello D, Lohtia R. Improving trade show effectiveness by analyzing attendees [J].Industrial Marketing Management, 1993, 22(4): 311–318.

〔11〕Bello D. Industrial buyer behavior at trade shows: Implications for selling effectiveness [J].Journal of Business Research, 1992, 25(1): 59–80.

〔12〕Berne C, García-Uceda M E. Criteria involved in criteria of trade shows to visit [J]. Industrial Marketing Management, 2008, 37(5): 565–579.

〔13〕Bettis-Outland H, Cromartie J S, Johnston W J, Borders A L. The return on trade show information (RTSI): A conceptual analysis [J]. Journal of Business and Industrial Marketing, 2010, 25(4): 268–271.

〔14〕Bettis-Outland H, Johnston W, Wilson D. Using trade show information to enhance company success: An empirical investigation [J]. Journal of Business and Industrial Marketing, 2012, 27(5): 384–391.

〔15〕Bettis-Outland H, Cortez R M, Johnston W.Trade show networks, trust and organizational learning: the effect of network ties [J]. Journal of Business and Industrial Marketing, 2021, 36(12): 2165–2175.

〔16〕Blythe J. Objectives & measures at UK trade exhibitions [J]. Journal of Marketing Management, 2000, 16(1–3): 203 – 222.

〔17〕Blythe J. The evaluation of non-selling activities at British trade exhibitions: An exploratory study [J]. Mark Intelligence and planing, 1996, 14(5):20–24.

〔18〕Blythe J. Trade fairs as communication: A new model [J]. Journal of Business and Industrial Marketing, 2010, 25(1–2): 57–62.

〔19〕Blythe J. Using trade fairs in key account management [J]. Industrial Marketing Management, 2002, 31(7): 627–635.

〔20〕Blythe J.Visitor and exhibitor expectations and outcomes at trade exhibitions [J]. Marketing Intelligence & Planning, 1999, 17(2), 100–108.

〔21〕Bonoma T. Get more out of your trade shows [J]. Harvard Business Review, 1983, 61(1): 75–83.

〔22〕Borghini S, Golfetto F, Rinallo D. Ongoing search among industrial buyers [J].Journal of Business Research, 2006, 59(10): 1151–1159.

〔23〕Browning J, Adams R. An effective promotional tool for the small industrial business [J]. Journal of Small Business Management, 1988, 26(4): 31–36.

〔24〕Carman J. Evaluation of trade show exhibitions [J]. California

学习笔记

Management Review, 1968, 11(2): 35–44.

［25］Cavanaugh S. Setting objectives & evaluating the effectiveness of trade show exhibits [J]. Journal of Marketing, 1976, 40(4): 100–103.

［26］Chiou J, Hsieh C, Shen C. Product innovativeness, trade show strategy and trade show performance [J]. Journal of Global Marketing, 2007, 20(2–3): 31–42.

［27］Dann G M. Anomie, ego–enhancement and tourism [J]. Annals of Tourism Research, 1977, 4(4)：184–194.

［28］Davis A. It wasn't me, it was my festival me: The effect of event stimuli on attendee identity formation [J].Tourism Management, 2017，61：484–500.

［29］Deeter–Schmelz D R, Kennedy K N. An exploratory study of the internet as an industrial communication tool: Examining buyers' perceptions [J]. Industrial Marketing Management, 2002, 31(2): 145–154.

［30］Dekimpe M G, François P, Goplakrishna S, Lilien G L, Van den Bulte C. Generalizing about trade show effectiveness: A cross–national comparison [J]. Journal of Marketing, 1997, 61(4): 55–64.

［31］Evers N, Knight J. Role of international trade shows in small firm internationalization:A network perspective [J]. International Marketing Review, 2008, 25(5): 544–562.

［32］Florio M. Fair trades by trade fairs: Information providing institutions under monopolistic competition [J]. Small Business Economics, 1994, 6(4): 267–281.

［33］Geigenmüller A, Bettis–Outland H. Brand equity in B2B services and consequences for the trade show industry [J]. Journal of Business and Industrial Marketing, 2012, 27(6): 428–435.

［34］Geigenmüller A. The role of virtual trade fairs in relationship value creation [J]. Journal of Business & Industrial Marketing, 2010, 25(4): 284–292.

［35］Getz D, Page S J. Progress and prospects for event tourism research [J]. Tourism Management, 2016, 52: 593–631.

［36］Getz D. Event management and event tourism (1st ed.) [M]. New York: Cognizant Communications Corp，1997.

［37］Getz D. Event management and event tourism (2nd ed.) [M]. New

York: Cognizant Communications Corp，2005.

〔38〕Getz D. Event tourism: Definition，evolution，and research 〔J〕. Tourism Management，2008, 29(3): 403-428.

〔39〕Godar S, O'Connor P. Same time next year: Buyer trade show motives 〔J〕.Industrial Marketing Management, 2001, 30(1): 77-86.

〔40〕Gopalakrishna S, Lilien G. A three-stage model of industrial trade show performance 〔J〕. Marketing Science, 1995, 14(1): 22-42.

〔41〕Gopalakrishna S, Lilien G L, Willams J D, Sequeira I K. Do trade shows pay off? 〔J〕. Journal of Marketing, 1995, 59(3): 75-83.

〔42〕Gopalakrishna S, Roster C A, Sridhar S. An exploratory study of attendee activities at business show 〔J〕. Journal of Business and Industrial Marketing, 2010, 25(4): 241-248.

〔43〕Gopalakrishna S, Williams J. Planning and performance assessment of industrial trade shows: An exploratory study 〔J〕. International Journal of Research in Marketing, 1992, 9(3): 207-224.

〔44〕Gottlieb U R, Brown M R, Ferrier L. Consumer perceptions of trade show effectiveness:Scale development and validation within a B2C context 〔J〕. European Journal of Marketing, 2014, 48(1-2): 89-107.

〔45〕Gottlieb U, Brown M, Drennan J. The influence of service quality and trade show effectiveness on post-show purchase intention 〔J〕. European Journal of Marketing, 2011, 45(11-12): 1642-1659.

〔46〕Hansen K. Measuring performance at trade shows: Scale develop and validation 〔J〕. Journal of Business Research, 2004, 57(1): 1-13.

〔47〕Hansen K. The dual motives of participants at international trade shows 〔J〕. International Marketing Review, 1996, 13(2): 39-53.

〔48〕Hansen K.From selling to relationship marketing at international trade fairs 〔J〕. Journal of Convention and Exhibit Management,2000,2(1):37-53.

〔49〕Haon C, Sego T, Drapeau N,et al. Disconnect in trade show staffing: A comparison of exhibitor emphasis and attendee preferences 〔J〕.Industrial Marketing Management, 2020, 91: 581-595.

〔50〕Hedaa L, Tornroos J. Understanding event-based business networks 〔J〕. Time and Society, 2008, 17(2-3): 319-348.

〔51〕Herbig P, O' Hara B, Palumbo F. Differences between trade show

学习笔记

exhibitors and non-exhibitors [J]. Journal of Business and Industrial Marketing, 1997, 12(6): 368-382.

［52］Herbig P, O' Hara B, Palumbo F. Trade show: Who, what, why [J]. Marketing Intelligence & Planning, 1998, 16(7): 425-435.

［53］Herbig P, O' Hara B, Palumbo F. Measuring trade show effectiveness: An effective exercise? [J]. Industrial Marketing Management, 1993, 23(2): 165-170.

［54］Herbig P, O' Hara B, Palumbo F. Measuring trade show effectiveness: An effective exercise? [J]. Industrial Marketing Management, 1994, 23: 165-179.

［55］Hough J. Attitudes & opinions of computer executives regarding attendance at information technology events [R]. Research Report, Audience Characteristics #1030. East Orleans, MA, Trade Show Bureau, 1988.

［56］Jackson D W, Keith J E, Burdick R K. The relative importance of various promotional elements in different industrial purchase situations [J]. Journal of Advertising, 1987, 16(4): 25-33.

［57］Jepson A,Stadler R, Spencer N.Making positive family memories together and improving quality-of-life through thick sociality and bonding at local community festivals and events [J].Tourism Management, 2019, 75: 34-50.

［58］Jin X, Bauer T, Weber K. China's second-tier cities as exhibition destinations [J].International Journal of Contemporary Hospitality Management, 2010, 22(4-5): 552-571.

［59］Jin X, Weber K, Bauer T. Impact of clusters on exhibition destination attractiveness:Evidence from mainland China [J]. Tourism Management, 2012a, 33: 1429-1439.

［60］Jin X, Weber K, Bauer T. Relationship quality between exhibitors and organizers: A perspective from mainland China's exhibition industry [J]. International Journal of Hospitality Management, 2012b, 31: 1222-1234.

［61］Jin X, Weber K. Developing and testing a model of exhibition brand preference:The exhibitors' perspective [J]. Tourism Management, 2013, 38: 94-104.

［62］Kerin R, Cron W. Assessing trade show functions and performance: An exploratory study [J]. Journal of Marketing, 1987, 51(6): 87-94.

［63］Kijewski V, Yoon E, Young G. How exhibitors select trade shows [J]. Industrial Marketing Management, 1993, 22(4): 287-298.

学习笔记

◢学习笔记

［64］Kim T, Mazumdar T. Product concept demonstrations in trade shows and firm value [J]. Journal of Marketing, 2016, 80(4): 90–108.

［65］Kirchgeorg M, Jung K, Klante O. The future of trade shows: Insights from a scenario analysis [J]. Journal of Business and Industrial Marketing, 2010, 25(4): 301–312.

［66］Kirchgeorg M, Springer C, Kästner E. Objectives for successfully participating in trade shows [J]. Journal of Business and Industrial Marketing, 2010, 25(1–2): 63–72.

［67］Klenosky D B. The "pull" of tourism destinations: A means–end investigation [J]. Journal of Travel Research, 2002, 40(4): 385–395.

［68］Kozak N, Kayar C H. Visitors' objectives for trade exhibition attendance: A case study on the East Mediterranean International Tourism and Travel exhibition (EMITT) [J]. Event Management, 2009, 12: 133–141.

［69］Kozak N. The expectations of exhibitors in tourism, hospitality, and the travel industry [J]. Journal of Convention & Event Tourism, 2005, 7(3–4): 99–116.

［70］Lee C, Kim S. Differential effects of determinants on multi-dimensions of trade show performance: By three stages of pre–show, at–show, and post–show activities [J]. Industrial Marketing Management, 2008, 37(7): 784–796.

［71］Lee M J, Yeung S, Dewald B. An exploratory study examining the determinants of attendance motivations as perceived by attendees at Hong Kong exhibitions [J].Journal of Convention & Event Tourism, 2010，11(3)：195–208.

［72］Li L Y. Relationship learning at trade shows: Its antecedents and consequences [J]. Industrial Marketing Management, 2006, 35(2): 166–177.

［73］Li L Y, L. The effects of firm resources on trade show performance: How do trade show marketing processes matter? [J]. Journal of Business and Industrial Marketing, 2008, 23(1): 35–47.

［74］Li L Y. Antecedents and effect of internet implementation for trade shows [J]. Journal of Business and Industrial Marketing, 2010, 25(4): 272–283.

［75］Li L Y. Marketing resources & performance of exhibitor firms in trade shows: A contingent resource perspective [J]. Industrial Marketing Management, 2007, 36(3): 360–370.

［76］Li P, Evans K, Chen Y, et al. Resource commitment behaviour of industrial exhibitors: An exploratory study [J]. Journal of Business and Industrial Marketing, 2011, 26(6): 430–442.

［77］Li P. Industrial exhibitors' resource commitment to booth personnel: A study of select predictors and consequences [J].Industrial Marketing Management, 2020, 91(7): 1–15.

［78］Li Z, Shrestha S. Impact of international trade fair participation on export: An empirical study of China based on treatment effect model [J]. Journal of Convention and Event Tourism, 2013, 14(3): 236–251.

［79］Lilien G L. A descriptive model of the trade show budgeting decision process[J].Industrial Marketing Management,1983，12(1):25–29.

［80］Luo Q, Zhong D. Knowledge diffusion at business events: A case study [J]. International Journal of Hospitality Management, 2016, 55: 132–141.

［81］Maskell P, Bathelt H, Malmberg A. Building global knowledge pipelines: The role of temporary clusters [J]. European Planning Studies, 2006, 14(8): 997–1013.

［82］Measson N, Cambell-Hunt C. How SMEs use trade shows to enter global value chains [J].Journal of Small Business and Enterprise Development, 2015, 22(1): 99–126.

［83］Montgomery R, Strick S. Meetings, conventions, and expositions: An introduction to the industry [M]. New York, NY: John Wiley & sons, 1995.

［84］Moriarty R T, Spekman R E. An empirical investigation on the information sources used during the industrial buying process [J]. Journal of Marketing Research, 1984, 21(2): 137–147.

［85］Munuera J L, Ruiz S. Trade fairs as services: A look at visitors' objectives in Spain [J]. Journal of Business Research, 1999, 44(1): 17 – 24.

［86］O' Hara B, Palumbo F, Herbig P. Industrial trade shows abroad [J]. Ind Mark Manage, 1993, 22(3): 233–237.

［87］Palumbo F, Herbig P A. Trade shows and fairs [J]. Journal of Promotion Management, 2002, 8(1): 93–108.

［88］Parasuraman A. The relative importance of industrial promotion tools [J]. Industrial Marketing Management, 1981, 10(4): 277–281.

［89］Pitta D, Weisgal M, Lynagh P. Integrating exhibit marketing into

学习笔记

integrated marketing communications [J]. Journal of Consumer Marketing, 2006, 23(3): 156–166.

[90] Ponzurik T. International buyer perspective toward tradeshows & other promotional methods[J]. Marketing Intelligence & Planning，1996，4(1): 9–19.

[91] Power D, Jansson J. Cyclical clusters in global circuits: Overlapping spaced in furniture trade fairs. Economic Geography, 2008，84(4): 423–448.

[92] Prayag G, Ryan C. The relationship between the 'push' and 'pull' factors of a tourist destination: The role of nationality-analytical qualitative research approach [J]. Current Issues in Tourism, 2011, 14(2): 121–143.

[93] Reychav I. Knowledge sharing in a trade show: A learning Spiral model [J]. Vine, 2009, 39(2): 143–158.

[94] Rice G, Almossawi M. A study of exhibitor firms at an Arabian gulf trade show [J].Journal of Global Marketing, 2002, 15(3–4): 149–172.

[95] Rice G. Using the interaction approach to understand international trade shows [J].International Marketing Review, 1992, 9(1): 32–45.

[96] Rinallo D, Golfetto F. Exploring the knowledge strategies of temporary cluster organizers: A longitudinal study of the EU fabric industry trade shows (1986–2006) [J]. Economic Geography, 2011,87(4):453–476.

[97] Rinallo D, Bathelt H, Golfetto F. Economic geography and industrial marketing views on trade shows: Collective marketing and knowledge circulation [J]. Industrial Marketing Management, 2017, 61: 93–103.

[98] Rinallo D, Borghini S, Golfetto F. Exploring visitor experiences at trade shows [J].Journal of Business and Industrial Marketing, 2010, 25(4): 249–258.

[99] Rinallo D, Golfetto, F. Representing markets: The shaping fashion trends by French and Italian fabric companies [J]. Industrial Marketing Management, 2006, 35(7): 856–869.

[100] Rittichainuwat B, Mair J. Visitor attendance motivations at consumer travel exhibitions [J]. Tourism Management, 2012, 33(5): 1236–1244.

[101] Rosson P J, Seringhaus F H R. Visitor and exhibitor interaction at industrial trade fairs [J]. Journal of Business Research, 1995, 32(1): 81–90.

[102] Sarmento M, Farhangmehr M, Simoes C. A relationship marketing

perspective to trade fairs: Insights from participants [J]. Journal of Business and Industrial Marketing, 2015, 30(5): 584–593.

［103］Sarmento M, Simões C, Farhangmehr M. Applying a relationship marketing perspective to B2B trade fairs: The role of socialization episodes [J]. Industrial Marketing Management, 2015, 21(3): 131–141.

［104］Sarmento M, Simões C. The evolving role of trade fairs in business: A systematic literature review and research agenda [J]. Industrial Marketing Management, 2018, 73: 154–170.

［105］Sashi C M, Perretty J.Do trade shows provide value? [J]. Industrial Marketing Management, 1992, 21(3): 249–255.

［106］Schuldt N, Bathelt H. International trade fairs and global buzz, Part II:Practices of global buzz [J]. European Planning Studies, 2011, 19(1): 1–22.

［107］Seringhaus F H R, Rosson P J. An analysis model for performance measurement of international trade fair exhibitors [J]. Problems and Perspectives in Management, 2004, 4: 152–166.

［108］Seringhaus F H R, Rosson P J. Firm experience and international trade fairs [J].Journal of Marketing Management, 2001,17(7–8): 877–901.

［109］Seringhaus F H R, Rosson P J. International trade fairs and foreign market involvement: Review and research directions [J]. International Business Review, 1994, 3(3): 311–329.

［110］Severt D, Wang Y, Chen P, et al.Examining the motivation, perceived performance and behavioral intentions of convention attendees: Evidence from a regional conference [J].Tourism Management, 2007, 28(2): 399–408.

［111］Shipley D, Egan C, Wong K S. Dimensions of trade show exhibiting management [J].Journal of Marketing Management, 1993, 9(1): 55–63.

［112］Shipley D, Wong K S.Exhibiting strategy and implementa-tion,international [J]. Journal of Advertising, 1993, 12(4): 335–341.

［113］Shoham A. Performance in trade shows and exhibitions: A synthesis and directions for future research [J]. Journal of Global Marketing, 1999, 12(3): 41–57.

［114］Shoham A. Selecting and evaluating trade shows [J]. Industrial Marketing Management, 1992, 21(4): 335 – 341.

［115］Smith T M, Gopalakrishna S, Smith P M. The complementary effect

学习笔记

📝学习笔记

of trade shows on personal selling [J].International Journal of Research in Marketing, 2004, 21(1): 61–76.

[116] Smith T M, Hama K, Smith P M. The effect of successful trade show attendance on future show interest: Exploring Japanese attendee perspectives of domestic & offshore international events [J]. Journal of Business and Industrial Marketing, 2003, 18(4–5): 403–418.

[117] Smith T, Smith P. Distributor & end user trade show attendance objectives:An opportunity for adaptive selling [J]. Management, 1999, 49(1): 23–29.

[118] Song H J, Bae S Y, Lee C K. Identifying antecedents & outcomes of festival satisfaction: The case of a cosmetics & beauty expo [J]. International Journal of Contemporary Hospitality Management, 2017, 29(3): 947–965.

[119] Sridhar S, Voorhees C M, Gopalakrishna S. Assessing the drivers of short–and long–term outcomes at business trade shows [J]. Customer Needs and Solutions, 2015, 2(3): 222–229.

[120] Tafesse W, Korneliussen T. Managing trade show campaigns: Why managerial responsibilities matter? [J]. Journal of Promotion Management, 2012, 18(2): 236–253.

[121] Tafesse W, Skallerud K. A systematic review of the trade show marketing literature: 1980–2014 [J]. Industrial Marketing Management, 2017, 63: 18–30.

[122] Tafesse W.Understanding how resource deployment strategies influence trade show organizers' performance effectiveness [J]. European Journal of Marketing, 2014, 48(5–6): 1009–1025.

[123] Tanner J, Chonko L, Ponzurick T. A learning model of trade show attendance [J].Journal of Convention and Exhibition Management, 2001, 3(3): 3–26.

[124] Tanner J, Chonko L. Trade show objectives, management and staffing practices [J]. Industrial Marketing Management, 1995, 24(4): 257–264.

[125] Tanner J. Chonko L. Using trade shows throughout the product life cycle [J].Journal of Promotion Management, 2002, 8(1): 109–125.

[126] Tanner J. Leveling the playing field: Factors influencing trade show success for small companies [J]. Industrial Marketing Management, 2002, 31(3): 229–239.

［127］Valek N S, Fotiadis A. Happiness as a value of event organizers in Abu Dhabi [J]. International Journal of Event and Festival Management,2019, 10(1)：34–47.

［128］Whitfield J, Webber J. Which exhibition attributes create repeat visitation? [J]. International Journal of Hospitality Management, 2011, 30(2): 439–447.

［129］Williams J D, Gopalakrishna S, Cox J M. Trade show guidelines for smaller firms [J]. Industrial Marketing Management, 1993, 22(4): 265–275.

［130］Wu J, Lilien G L, Dasgupta A. An exploratory study of trade show formation and diversity [J]. Journal of Business–to–Business Marketing, 2008, 15(4): 397–424.

［131］Yi X, Fu X, Jin W, et al. Constructing a model of exhibition attachment: Motivation, attachment, and loyalty [J]. Tourism Management, 2018, 65: 224–236.

［132］Zhang L, Qu H, Ma J. Examining the relationship of exhibition attendees' satisfaction and expenditure: The case of two major exhibitions in china [J]. Journal of Convention and Event Tourism, 2010, 11(2): 100–118.

［133］杜睿云，王宝义.新零售：研究述评及展望 [J]. 企业经济，2020，39（8）：128–135.

［134］吴开军.会展产业链刍议 [J]. 科技管理研究，2011（3）：168–170.

［135］刘松萍，马洁.会展概论 [M]. 广州：华南理工大学出版社，2005.

［136］马勇，肖轶楠.会展概论 [M]. 北京：中国商务出版社，2004.

［137］李旭，马耀峰.国外会展旅游研究综述 [J]. 旅游学刊，2008，23（3）：85–89.

［138］许峰.会展旅游的概念内涵与市场开发 [J]. 旅游学刊，2002，17（4）：56–59.

［139］王敬武.会展旅游的本质研究 [J]. 北京工商大学学报（社会科学版），2008，23（3）：116–120.

［140］[美] 保罗·海恩，彼得·勃特克，大卫·普雷契特科.经济学的思维方式（修订第12版）[M]. 史晨，马昕，陈宇译.北京：世界图书出版公司，2012.

［141］林春秋.展览会对企业知识转移的影响因素研究 [D]. 北京：北京第二外国语学院硕士学位论文，2020.

学习笔记

[142] 刘大可. 新经济时代亟须重塑展览会核心价值 [N]. 中国贸易报, 2021.

[143] 刘倩倩, 王起静, 周功梅. 中外商贸类展览会研究主题及差异: 基于 CiteSpace 的文献计量分析 [J]. 旅游论坛, 2020, 13（5）: 100–113.

[144] 贾岷江, 鲁力. 商品交易型展览研究的历史与未来: 基于营销学视角的国外文献 [J]. 中国流通经济, 2018, 32（11）: 49–57.

[145] 贾岷江, 甘霞, 练红宇. 交易型展览创新功能的理论研究动向 [J]. 世界地理研究, 2019（4）: 166–175.

[146] 金碚. 本真价值理性时代的区域经济学使命 [J]. 区域经济评论, 2018（1）: 29–35.

[147] 王起静. 展览产品定价模型及价格影响因素研究: 基于双边市场理论视角 [J]. 经济管理, 2007（16）: 26–30.

[148] 王起静. 会展产业的本质及发展模式研究 [J]. 北京第二外国语学院学报, 2013, 35（9）: 75–82.

[149] [德] 马克斯·韦伯. 经济与社会 [M]. 阎克文译. 上海: 上海人民出版社, 2010.